1970年8月支《し》笏《こつ》湖《こ》畔《はん》に一泊（58歳）。
先生はくつろぐ時はいつでも和服だった。

20歳の森有正氏。ピアノからパイプオルガンへとだんだん向上していく人だった。

東大助手時代の伊藤（28歳）。
森先生の本の読書に熱中していった。

森有正先生と僕

神秘主義哲学への道

伊藤勝彦
Ito Katsuhiko

新曜社

はじめに

最近ある人から、「森有正」の本格的な研究がまだ書かれていないのが残念ですということを言われた。たしかに、その通りだ。しかし、だれに書かせたら、森有正の全体像を描くことができるかと考えてみて、フランス文学者では哲学者森有正が理解できなくなるから、僕以外にそれはいないのではあるまいかと思いついた。それゆえに、僕は自発的にこの仕事にとりかかったのだが、早くも三年の歳月が経ってしまった。

僕は東京大学哲学科の一年生のときに、初めて森有正に出会った。そしてすぐ、先生に熱中するようになってしまった。どうしてそんなに気にいってしまったかといえば、先生には東大教授にありがちな、威圧的で権威主義的なところは少しもなかったからである。温容でやさしい人柄であった。少しもきどらないので、ありのままの人柄が見えていた。

森先生はフランス文学科の出身で、普通なら文学者と呼ばれてもいいはずなのに、常に哲学者と呼ばれていた。それは、デカルトやパスカルを研究対象としているからではない。最近の仏文にも、塩川徹也教授のように、パスカルを研究対象としながら、デカルトにも深い理解をもっておられる人がいた。しかし、彼が哲学者と呼ばれないのは、前田陽一先生にはじまる文献学的な研究手法を出発点においたパスカル研究者であったからである。僕がソルボンヌ大学に留学していた時、ジャン・メナール教授のパスカルについての文献学的研究の講義に列席していたが、塩川教授もメナールの弟子であった。

森先生がフランス留学へと旅立ったとき、ソルボンヌのジャン・ヴァール教授の下で、「デカルトにおける瞬間と永遠真理の問題」という課題が与えられたが、それは難問中の難問ともいうべきもので、先生はこの問題に正面からとり組み、苦闘された。それは哲学的思索以外のなにものでもなかった。森先生は最初から哲学者として、哲学することを自分の使命とする人であった。

西洋の哲学を学ぶためには、まず必要なのはドイツ語とフランス語と英語、そしてラテン語である。森先生は一九一八年、暁星《ぎょうせい》小学校に六歳の時に入学された。その時から、フランスのカトリックの先生からフランス語を学んだ。英語は十二歳の時、ドイツ語は十七歳の時から教えられた。カトリックの典礼に触れることが十六歳の時に始まったから、ラテン語の勉強は十六歳の時に始まった。ギリシア語はある神学教授に付いて十九歳の時に始めた。哲学を勉強するためには、これだけの言語を習得することが必要だったのである。僕は旧制中学一年の時、やっと英語の勉強を始め、中学三年の時に、ベルグソンの『道徳と宗教の二源泉』(岩波文庫)やリッケルトの『認識の対象』(同文庫)を読みはじめた。中学の五年の時、「デカルトのコギト・エルゴ・スム」という論文を書いた。それは年上の旧制高校生が哲学は苦手だから哲学に強い僕にレポートを代筆させたわけだが、まだ中学生の僕の論文を見て、高い評価を与えられたという。旧制高校ではドイツ語を勉強した。大学にはいってからやっと、フランス語とラテン語を勉強しはじめた。ギリシア語の勉強は研究室の先輩の井上忠さんの指導で始めた。三年後輩の岩田靖夫君と同時にギリシア語を勉強し始めたのである。しかし、夏休みにギリシア語の勉強はお休みにして、デカルト研究に熱中していたので、夏休みあけに研究室にもどってきた時には、ギリシア語の勉強では岩田君に大きく離されてしまった。

　何といっても、森先生は暁星小学校でカトリックの神父さんたちによってフランス語を勉強し、神父さんとふだんフランス語で話し合っていたのだから、断然、優位にたっていた。仏文科の先生で、暁星で、小学・中学とフランス語を研鑽《けんさん》してきた人たちは語学的にははるかに優位にたつ。当時の研究室でフランス語が一番出来るのは当然渡辺一夫教授で、次が森有正助教授ということになるだろう。二人とも暁星出身で、フランス語を聞き、話し、書く能力において他を圧倒していたのである。僕だけでなく、北杜夫（本名斎藤宗吉、茂吉の次男）も辻邦生も、旧制松本高校でドイツ語でトーマス・マンを読むことに熱中していたので、フランス語の知識はほとんどなかった。だから、辻さんは仏文科にはいってフランス語の勉強に随分苦労されたことだろうと思う。北杜夫は、東北大学医学部にはいって医学を勉強したのだからドイツ語でよかったわけである。森有正の『バビロンの流れのほとりにて』（初版、大日本雄弁会講談社、一九五七年）の文章は平井啓之にあてた書簡という形式をとっている。その平井啓之氏もフランス語はほとんど基礎教育をうけていなかった一人であった。だれよりも異質なのは、まるでフランス文学の勉強をする気がないのに仏文科にはいった太宰治のケースである。彼だけは仏文科に籍をおいてあるだけで、一回も講義に出席しなかったというのだから、特別の異常人ということになるのであろう。僕はとりわけ太宰が好きだったから、哲学者としては異常人種といえるかもしれない。

平井啓之は戦争下にあって、辰野隆先生の磊落洒脱《らいらくしゃだつ》な随筆に、わずかに呼吸《いき》のつける自由の空気を嗅《か》ぎつけて、京都の旧制三高から笈《おい》を負うて上京してきたのだが、当時の研究室は別世界であった。山田爵《じゃく》先生は森鴎外《おうがい》の孫であった。鴎外は子供や孫にもヨーロッパ風の名前をつけるのが好きで、オットーとか、アンヌとか、ジャックのようにドイツ風かフランス風の名前をつけることを好んでいた。三宅徳嘉は三宅大審院長の御曹子であり、田島譲治は宮内庁の高官のやはり御曹子である。その中でもとりわけ目立っていたのは森有正先生で、祖父は初代の文部大臣の森有礼であり、祖母の寛子は明治維新の立役者《たてやくしゃ》であった岩倉具視《ともみ》の五女であり、母保子にいたっては徳川本家の娘であった。さまざまな政略結婚のなれの果《は》てが森先生であったのである。こういう「時代後れの貴族的雰囲気」の中に生きてきた自分の「弱さ」と「ヨーロッパ的感覚」から容易に抜けだすことができない、ということを語っている。

平井啓之は「『バビロンの流れのほとりにて』の初稿を受け取り、それが本になるについて校正その他を引き受けたのは、僕であった」と語っている。この『バビロン』系列の作品こそがヨーロッパに行って初めて開扉《カイヒ》した文学的哲学作品であり、それこそが読者を魅了した新境地であったのである。これらは優れた文学作品として評価することもできようが、ここにはプラトンの『パイドン』と同じ意味で、魂の不滅性を語る神秘主義哲学がひそんでいることを筆者は発見したのである。そういえば、森有正の『デカルト研究』（東大協同組合出版部、一九五〇年）の最終論文が「デカルト思想の神秘主義的要素」であって、森有正はつねに「経験の哲学」を語っているが、経験の根底にあるものは、神秘主義哲学であったのである。デカルトは合理主義の哲学者と考えられてきたが、ジャン・ラポルトの言うように、つねに「個体性」や「無意識」を前提にする非合理的要素があり、デカルトにおいてもっとも重要なのは〈経験〉と〈自由意志〉ということであった。その「経験」をとことん追求していくならば、かならずや神秘主義に行きつくのである。詳しくは、本書第9章を読んでいただきたい。

僕の考察はそこまででとめておいてもよかったのであるが、最後に、「天地有情の哲学」について語りたくなった。『天地有情の哲学』というのは、二〇〇〇年四月に「ちくま学芸文庫」の一冊として書いた僕の本の題名であった。それは一九九六年十一月十二日の朝日新聞の夕刊に、大森荘蔵氏が書いたエッセイに触発されて書いた言葉である。「世界は感情的なのであり、天地有情なのである。その天地に地続きの我々人間もまた、その微小な前景として、その有情に参加する」という面白い文章がそのエッセイに語られている。

大森さんと僕とは（山本信さんもまじえて）長いあいだにわたって論争してきた。大森さんは「世界は知覚的相においてある」とつねに言っておられた。それに対して、僕は「世界は感情的相においてある」ということを主張しつづけていた。その論争ははてしなく続き、二人の相違点はけっして解消しえないものと覚悟してきた。そういう事情があるにもかかわらず、大森さんは一転して、「世界は感情的なのであり、天地有情なのである」と堂々と主張してきたのである。これには驚かされたし、うれしかった。やっと僕の基本的な考え方が先方によって受け入れられたと解釈した。大森さんはその論争とは関係なしに、あるとき突然、そういう考えが自分の中にめざめたと言われるかもしれないが、そんなことはどうでもいい。そのことが哲学者として根源的事実であることを受け入れたということ自身が、僕にとって嬉しいことであったのである。

ものは知覚的風景の中にあると同時に、つねになんらかの情意の影を宿し、情感的な表情をもっていることは否定できないところである。

ここで、「情意の影を宿す」というのは森有正独得の言葉であり、「情感的な表情をもつ」というのは、僕の言葉である。根本的には一つの事をちがった言葉で表現していることにかわりがない。僕と森有正とは、まさしく師弟の仲である。期せずして同じ意味の言葉を発するというのは、要するに考え方が同じということである。

僕がこういう発想をしはじめたのは、処女作の『危機における人間像』（理想社、一九六三年）においてである。昭和三十八年、森先生は五十二歳でパリ大学教授、ぼくは三十四歳で北大の文学部哲学科第一講座の主任助教授であった。先生はソルボンヌで日本思想史や日本文学史の講義をはじめた頃であった。すでに、『バビロンの流れのほとりにて』を発行され、くりかえし僕も読んでいた。しかし「情意の影を宿す」という言葉はどこにもなかった。それゆえ、こういう同じ発想において、相互に影響関係はなかったはずである。ということは、二人の考え方が根本的に一致していたことを認めざるをえない。

考え方だけではない。性格も似ている。人を驚かせたり、笑わせたりすることが上手である。物忘れがひどい。だがこの点では、僕は森先生にはとてもかなわない。僕たち（僕と妻雛子と）の結婚式の仲人《なこうど》、岩崎武雄先生（森先生とは、第一高等学校教授であったという点において同僚であった）は、普通は賞《ほ》め言葉をいう仲人の立場であるはずなのに、「伊藤君ほど物忘れがひどい男は一度も見たことも、聞いたこともない。先日、僕のところにきて、傘を忘れて帰ってしまったが、自分が先生のところに傘を忘れてしまったこと自体を忘れてしまっているのには驚かされた」と話し、みんなが爆笑していた。森先生はもっとひどい。大きな財布でその上にハンカチーフがかかっているだけなのに、どこにいったか分からない、きみ早く探し出してくれというのである。ハンカチを一寸、取りはずしただけで財布は姿を見せたのに、「これはとても大事なものです。忘れては絶対にいけないものです」と言いながらホッと安心している。パリのアパルトマンの中でも、非常に大切な原稿とか書物などが全く整理されていない。やむをえず、昔の学生や友人がやってきて整理をしてやる。

しかし、そういうマイナス面ではなくて、プラスの面においても先生はすごいのである。講義が終わったあとは、いつでも僕は仏文の研究室についていく。渡辺一夫先生から電話がかかってくると、「申し訳ありません、そんなことまで先生にご迷惑をおかけしたりしまして」と何度も何度もお辞儀をしているのである。「先生、そんなにお辞儀をされても相手には見えませんよ」と僕がいうと、「仕方ないでしょ、渡辺先生は大先生なんだから」と言い訳をされる。要するに、森有正は恩師の恩義をつねに感じていて、礼儀正しいのである。僕も好きな先生には礼儀正しく、しかも大サーヴィスをする。主任の池上鎌三先生を喜ばせるためにはどんな事でもする。哲学科の学生たちと旅行して一泊した時に、「伊藤君、なにか面白いことをしてくれないか」といわれたとき、すぐ、仲間にホテルの蓄音機を借りてきてもらい、できるだけ早い速度《スピード》のジャズ音楽をかけてくれといって、部屋を暗くし、コートで自分の頭やからだを包んで出ていって、曲が始まるやいなや、パッとコートを脱いで、やおらフレッド・アステアの物まねのスネーク・ダンスを、すごく速いテンポで踊ってみせて、最後に闇の中に消えるということをやった。ちなみに、フレッド・アステアはクラシック・バレエの最高の人から二十世紀最大の踊り手だといわれていた。池上先生は、「これまでいろいろ面白いことをやってくれる学生はいたが、こんなに面白いのは一度も見たことがなかったね」と賞賛して下さった。嫉妬深い男が「あれはストリップ・ダンスの変形ですよ」というと、「そういうものがあることは知っているが、これはそういうものと一寸ちがうね」と弁明して下さった。

森先生も池上先生には特別にかわいがられた。『哲学雑誌』にどんどん「デカルト研究」の論文を掲載することが許され、ほかの教授たちからも評判がよかった。要するに、ぼくも森氏も、先生たちから好かれていたのである。

「その日本人離れした彫《ほ》りの深い顔、大きくくぼんだ憂鬱そうな光りの満ちた双眸《そうぼう》、そうした圧倒的な印象と、これはまた正反対な慌《あわ》だしい身のこなしと早口にどもるように喋る軽々しさ。この矛盾した印象は、その言葉づかいの馬鹿丁寧さとあい俟《ま》って、高校から上ってきたばかりの、不作法な学生流儀の私を驚かせた。それは私の従来接したことのない異様な人種であった。」これは中村真一郎の文章である。

やがて東大仏文科の主任教授辰野隆先生が長い本郷生活を終えて、教壇を去られることになった。辰野、鈴木、渡辺、諸先生列席の上で、助教授を森さんに、講師を私に、そういうふうに決めたから、左様心得ろ、と引導《いんどう》を渡されてしまった。秀才の森さんは当然としても、大学院へも行かず、研究室の何のポストにもついていなかった私（中村真一郎）は不適任もいいところといっていたが、遂に森さんが、「中村君、やりましょうよ、ぼくがいるから大丈夫ですよ」と口を

かけてくれて、それで決まってしまった。(中村真一郎、全集1の付録のエッセイ)

が、森さんの心の底に潜むデモンは、もうその頃、次第に生長をはじめていた。森さんは絶えず奇行を演じて私たちを茫然《ぼうぜん》とさせたが、そのデモンはパスカルやドストエフスキーによって栄養を与えられて、いよいよ肥え太ってきた。

その頃から雑誌に、森さんのあの思いがけない抒情的なそして心理的にきめの細かい、旅行記風の哲学的考察の文章が、見られるようになってきた。それは既に哲学研究家として一家をなしてきた森さんの、魂の内奥に至るまでの全面的組みかえという操作であって、従来から内面的体験に執していたとはいえ、純粋に論理によって語ろうとしていた森さんが、感覚というものに西欧生活のなかではじめて出会った、という趣きがあった。これでは帰ってこられないわけだ、と私は納得し、そしてそれらの書簡体の文章をくりかえして読みながら、遙かのヨーロッパで急速に成熟をとげつつある森さんに畏怖の念を抱くようになった。(中村真一郎、同右)

森さんは辰野隆先生のことを非常に恩師として尊敬しており、たびたびこういうことをしたいと思いますがどうでしょうかと相談に行っていた。まず、「僕はむつかしい哲学の仕事をやめて、『絶望』という題の小説を書きたいと思うがどうでしょうか」と相談に行ったが、辰野先生は「そんなことはやるな」ということは決していわない人であった。その小説というのが、『バビロンの流れのほとりにて』に始まる哲学的エッセイのことを意味していたらしい。もっと面白いのは、辰野先生に「僕、ひげをはやしたいと思っているのですがお許しいただけるでしょうか」といってきたので、どう答えたらいいかわからなくて、先生は困惑されて、結局、そんなことは自分で決断すべきことで、はやしたければはやしたらいいのじゃないかということで、ひげをはやすことがきまったという話だ。

それ以後、森さんにあこがれて同じようなひげをはやした男がいたというのは、いささか滑稽な話であった。

目　次

装幀＝難波園子

第1章　森先生と僕

◇初恋物語

森先生と僕とのあいだには非常に似たところがある。と同時に非常に違ったところがある。まず、そのことを語ることからこのエッセイを書きはじめよう。

森先生と僕とのあいだに根本的な共通性があるとすれば、それは何よりもまず幼児性ということであろう。ドイツ語に kindisch（子供じみた、幼稚な）と kindlich（子供らしい、無邪気な）という区別があるが、先生は無邪気な幼児性において一貫していたと思う。

森先生は空想という点ではつねに果敢な行為者であった。しかし、実行ということになると、何一つ思ったとおりにすることはできなかった。どんなに美しい女の人が目前にいようとも、その人に向かって話しかけることさえできなかった。ただ、遠くからかの女を眺めているだけであった。

僕が初めて女の人に郷愁に似た思いと、憧れとそして仄かな欲望を感じたのはその頃だった。十四、五歳の青い海水着をきて、黄色の海水帽をかぶったその少女は、毎日浜に来ていた。もう日に焼け浅黒くなった顔は、ややや せ気味で、目尻が長く切れ、いつも半分眠っているように、深いまつげが瞳を覆っていた。鼻は日本人にはめずらしく高く立派で、口許はよくしまっていた。そしてどこか冷たさと淋しさが流れていた。かの女はいつも一人、皆を離れて泳ぎ、すむと横も見ないで脱衣場へ行き、それから帰って行った。二カ月以上いたのに、かの女が友だちとつれ立っているのや、付添の人と一緒にいるのを見たことは一度もないように思う。

かの女が海辺に現われると、僕の全関心はかの女に奪われた。そしてかの女が唯一人泳いでいるのをいつまでも見ていて、父親に注意されたことがある。その顔は今も、僕の眼前にその時のまま鮮やかに浮ぶ。かの女の頬のほくろまではっきり見える。犬や猫や小鳥や友人に関心がない孤独なかの女に、僕は遠く遥かに行く想いを、判ってくれるような気がしたのかも知れない。また一つの愛の親密さに徹底できるものをそこに感じていたのかも知れない。かの女のことは、それだけの関係ともいえない関係で終り、以後二十何年一度もその姿を見たことがない。名前などはむろん知らない。それはかえってそれでよかったのだと思う。というのは、この恋情は僕の中に全く主観的に、対象との直接の接触なしに、一つの理想像を築いてしまったのだから。それは相手に対する何の顧慮も、打算もなしに、僕の中に、愛の一つの原型が出来てしまったことを意味する。それはもうかの女ではなく、僕だけの原型なのだ。（森有正全集１・74～75ページ。以下「全集」と表記）

非常に恥ずかしいことであるが、ここで僕自身の恋物語のことを森先生との対照において語ることをお許しいただきたい。

僕の恋も全く主観的なものであったが、対象とのいかなる接触もないというほど徹底したものではなかった。

昭和二十七年の夏、僕は中軽井沢の星野温泉の別荘地にある丘の中腹にある山荘を借りて卒業論文の執筆にとりかかった。八月の初めにマサコがやってきた。かの女は東大英文学科の女子学生で、一つ年長であった。

もちろんかの女を結婚の対象と考えたことはなく、純粋な友愛を誓い合っていた。

昼間は日当りのいい四畳半の庭に面した部屋にリンゴ箱にきれいな包装紙をはった机を二つ並べて、僕はデカルトの『省察』（MEDITATIONES DE PRIMA PHILOSOPHIA）のラテン語のテキストをにらんでいた。かの女はエミリー・ブロンテの『嵐が丘』をじっと見つめていた。二人とも仕事はなかなか進まなかった。二人でエミリーの詩を毎日一つずつ原文で読み、それについて論じあった。僕の心はかの女と美しい詩を読むことだけで十分満たされていた。論文は一行も書き出すことができなかった。僕の心はかの女を想う気持で一杯だった。

かの女は童心そのものの人だった。野の花をこれがオミナエシ、あれがワレモコウといいながら摘《つ》んでいって、いつのまにか腕一杯の花束ができ上っていた。思わず駆《か》けよっていって力一杯抱きしめたいと思った。しかし、そう思うだけで心臓が早鐘のようにドキドキしはじめた。もう苦しくてならないから、計画はすぐ放棄した。「驚きは知のはじまりだと人はいう。しかし、驚きは美しさのはじまりだ」と僕は思った。マサコは子供のような好奇心一杯の目を見開いて、「あら可愛いい！」とリンドウの花めがけて駆けよっていった。花々や鳥や樹々との出会いのひとこま、ひとこまが驚きの連続であるようだった。そのときの童児のような表情は何と汚れなく、美しかったことだろう。僕はそれを眺めているだけで幸福一杯だった。僕は峠から降りていく散歩道をかの女と手をつないで歩きながら、パスカルのすばらしさを語りつづけた。デカルト的な幾何学の精神よりもパスカル的な纖細《せんさい》の精神に魅かれていったのは、当時のぼくとしてはやむをえないことだった。九月の末まで山荘に閉じこもっていたけれども、デカルトにかんする論文はとうとう、十月初旬まで書きはじめることができなかった。しかし、書きはじめてからは一気呵成《いっきかせい》だった。満たされない恋の想いが哲学する情熱となって迸《ほとばし》りでたのである。それ以来、哲学とは永遠に到達しえない目標への情熱であり、不可能への挑戦であると思うようになった。抱きよせてしまったとき、美のイデアは消え失せてしまっているにちがいない。到達しえない真実在だけが、永遠の憧れの気もちをかきたてるのであった。

昭和三十年八月末日のことであった。僕らはふたたび軽井沢にきていた。千ヶ滝西区の山小屋風の家を、当時慶應の医局員だった北杜夫と二人で借りていた。わずか四千円の部屋代が一人では払えなかったのである。一週間ばかり僕と共同生活をしたのちに、北は八月の半ば頃は帰京してしまった。その日は久し振りに澄みきった青空だった。二人はグリーン・ホテルの芝生の上で肩をならべてねころんで、文学について、哲学について、いつまでもいつまでも語りつづけた。やがて夕闇が迫ってきた。「あれが一番星よ」かの女はいった。やがて、満天の星がきらめきはじめ、僕らは星空の中でただ二人で浮かんでいるような感覚だった。そのとき、僕は『パンセ』のなかの「二つの無限」の断章について夢中になって語りつづけた。かの女は静かにそれを聞いてくれていた。僕とかの女のあいだにはパスカルとE・ブロンテ、そして無窮の空の沈黙があるだけであった。男と女として愛しあうことなど思いもつかなかった。二人はそれだけで満ち足りていた。数年ののち、かの女は人妻になった。

森先生の初恋は僕のそれと較べて、はるかに純度が高いように思える。先生の対象としての女性は遙か遠くに位置していて、それに接近する意欲すらないのであるから、どんどん純化され、観念化されていくのは自然の流れであった。それにくらべ、僕たちは同じ山小屋の中に二人だけでいたのであるから、いくらでも触れあいのチャンスがあったはずである。それなのにお互いにプラトニックな恋にとどまっていたのは、主として僕の幼稚さがしからしめたことではないかと思う。

◇ 感覚のめざめ

パスカルについて本格的に勉強をはじめようという気持になったのは、森有正先生の影響であった。先生のご指導をうけることがなかったら、僕は一介の愛読者でしかなかったろう。

森有正先生の本で一番長く売れつづけることができたのは『生きることと考えること』（講談社現代新書）という本である。（一九七〇年第一刷が発行され、二〇〇四年一二月第五十三刷が出たのであるからベストセラーとはいえなくても、ロングセラーということはできよう）。

この本は、森先生と僕が対話してそれをまとめようということで講談社の天野敬子さんと企画を一緒にたてた。あるとき、先生から突然、「僕の長男がね、慶応大学を卒業して大学院に行きたいと言っているんだけれど、父である僕としては少し学費を出してやりたいんだ。講談社からお金を十万ぐらい前借りしていただけないだろうか」という話が出てきた。僕としては出版社から前借りするような情けないことはしたくなかったのだが、天野さんが、「その位ならなんとかしましょう」といってくれた。しかし、この本はなかなか難産であった。リライターが原稿を読んで、「森先生というのは文章では見事としかいえないいけれど、対話という形にすると、すべてが雑然としていて、私の力では到底まとめることができません」といわれてしまった。そこで、天野さんと僕とが検討した結果、長々と森先生と話している僕のパートはほとんどカットして、簡潔な質問の形にして、森先生の話だけを中心に再構成しようということになった。そこで、僕は先生の著作のいたるところから、美しい文体の文章をたくさん引用してきて、「僕は本の中でこんなことを書いているがそれについて今はどのように考えているか」というようにして、森先生の思想をわかりやすく伝達する仕方を試みたのである。そこで、この本は森有正の難解な哲学思想をわかりやすく解説している本として、「森有正入門」といえるような内容になったというわけである。

さて、この本で森先生は次のように語っている。

フランスのある俳優が日本にきて、東京の街ほど性的感覚と縁のない街はないというのです。

セクシュアルな感覚がない。これは広い意味でですが、完全に非性的な都会だ。バーがたくさんあり、バーの娘さんがいっぱいおり、エロチックな音楽をやり、踊っている。それから映画をたくさん映写したり、いろいろしている。にもかかわらず、そこにはセックスというものはほとんど存在しないというのです。

　結局私がパリで感覚がめざめるというのは、セクシャルになるということと同じなのです。セクシャルだというのは、いわゆる単なる性欲ではない。つまり、ある対象と、性欲という観念によってしかあらわせないような、情意の影をおびた関係にはいるということです。

　そういうことは、東京ではほとんどおこりえない。それは東京といっても、そのいちばん大きな性格というか、あるいは非性格というか、じつに無味な生活ということになるわけです。（中略）だからこれは、決して狭い意味の性欲だけではなくて、もっと人間の全感覚が、それに向かって注ぎかかっていくような、対象との交渉の仕方がほとんど成立していない街です。（50～51ページ、傍点引用者）

ところで、パリというのは、それが本当の人間的交渉だと思うのだが、そういうことだけによって生きてきた街である。だから、非常に激烈な恋も始まれば、またほかのいろいろな人間関係も始まるのである。そういうことが、森さんが「感覚のめざめ」といっていることの正体なのである。

　あれほど多くの人がパリに魅《ひ》かれる理由はそれしかないといえるだろう。外国人はみんなパリから出ていきたくないと考えている。ピカソも、モディリアニも、パリの下町に、どんなに貧乏してもとどまっていた。この街においてこそ、画家の本来の心が開かれ、鋭敏な感覚のめざめを経験するからこそ、ここから離れることができないのである。森有正自身がパリから出ていきたくない日本人の代表みたいなものであった。

僕自身も森さんと同じように、パリにおいて感覚がめざめてくることを経験した。だが冬のパリは陰鬱《いんうつ》で、しかも長いのである。僕ら夫婦はコルシカに逃げた。そこでは青空があり太陽が輝いていた。信じられないほどの色彩の豊富さ。正月に一ヵ月僕のアパートにいた妻と一緒に行って見たスペインに近い南仏の海が美しかった。

◇森明のこと

森先生の父の森明は、植村正久の影響で、日本におけるキリスト教の開拓者の一人であった。

僕の生涯にも大きな影響を与えた浅野順一先生が森明の一番弟子であることを知って、人の縁というのは不思議なものであると思った。浅野先生は京都大学で哲学を勉強する決意をかためて森明先生のご自宅を訪れたところ、「僕は君だけは僕の弟子として僕の仕事をついでくれると信じていた。お願いだから京都に行くことはやめてくれ。君がいなくてどうして伝道の仕事をやっていける…」というのである。そういってさめざめと涙を流しつづけ、それがいつまでもやまないのである。たまりかねて、浅野先生は言った。「わかりました。哲学の勉強は断念します。神学校に入って、先生のあとをつぎます。」

見事な、美しい師弟関係ではあるまいか。森明先生は浅野先生と相談して、共助会という組織を作った。森有正先生も共助会にすすんではいり、先生の初期のパスカル論が『共助』という雑誌にいくつか掲載されている。

先生の最初の結婚相手も浅野先生の御夫妻のご縁で、信者たちのなかからえらばれたのである。これは浅野先生夫人から直接聞いた話であるのだが、「三人集まっている写真の一番右のはじの人が候補の方ですよ」といわれたが、奥さまから一番右の人は、森先生から見れば一番左の人ということになる。だが先生は、一番左の人ではなく一番右の人がキレイな女《ひと》に見えたから、「先生のご推薦される方なら喜んで…」と答えてしまわれた。何という軽率！ 結婚式に現れた人が自分が描いていたイメージとまったく違う人であるから、びっくりしてしまわれた。今更、その人を拒否することはできない。おまけに、その人は渡辺一夫先生（恩師）のご親族ということだから、当然断るわけにはいかなかった。

◇森有礼のこと

森有礼が暗殺される所以となったとされる事柄について、関屋綾子『一本の樫の木』（日本基督教団出版局、一九八一年）の中に、大久保利謙『森有禮《ありのり》』という本に記載されている木場貞長《さだなが》氏の談が転記されている。

街道に沿ひたる外宮の第一の御鳥居の所で下車して、それから神官の案内で外宮に参拝されたのであります。

其の御鳥居から真つ直ぐ一町半ばかり参道を参りますと、殆ど其の道路に接して右側に御鳥居の左右は確か棚のやうなものがあつたように思つております。それから右折して御鳥居をくゞると、前面十間位の処に一段高い四段ばかり石段があり、それを上ると御門があって、一面に敷石が敷いてあつたようである。壮《ママ》厳な御門であります。御門には白布の御帳《みとばり》とか申すものが一面に下がつてあつたのであります。是は極て神聖なものであるそうでありますが、森さんには之に対して何等の予備知識なく卒然進まれたので、唯普通の白布の積りで居られた次第であります。それで其処に差し掛つた時、神官が先導して其の石段を上り、森さんが之に追随され、私は二三間位離れて三番目に参進しました。さうして、石段の上より御門の御帳までは一間半か精々二間位の所は全部敷石であつたと存じます。神官は右石段を上ると其儘前進し、御帳の直前に到り、突然身を翻へして御門の右側に蹲《うずくま》ってしまつた。森さんは直後に居られたので、自然的に歩を進め、何等狐疑《こぎ》する所なく参入せんとせられた其の時である、神官は何か一言したようであつたが、森さんは歩を止め、中に参進は出来ぬのかと云ふが如き態度で、一、二言、言葉を交はし、一歩引き下つて直立し、最敬礼を為し、神官の案内を待たずして退出されたと言ふのが実際の事実であります。

（中略）

元来御扉の所に神聖な御帳《みとばり》が掛つてあると云ふことに付《つき》、何等予備的知識がなかつたのであります。当たり前ならば、その直前まで行かれぬ中に案内の神官は静止せねばならぬ筈でした。それを何も言はず前進し、不意に体を避けて大臣を御帳に直面せしめたのでした。其れは粗忽《そこつ》であり、不注意であつたか、或いは故意であつたか知りませんが、前後の事情から考へると寧《むし》ろ計画的ではなかつたかと思われる位《ぐらい》でありました。

森さんは神前を退《しりぞい》て引返し、私に対して直に二見《ふたみ》へ赴くやう命令されたのです。それから二見の旅館へ着きますと、神官が後を追て挨拶に参り、唯不行届《ふゆきとどき》を陳謝するのみでありました。知事も来て同様陳謝するだけであって、誰一人御帳のことなど説明して呉れるものもなかつたのであります。（略）（木場貞長談「森有礼先生を偲びて」——『南国史叢』第４輯）

（中略）

直接暗殺の兇行に及んだ西野なる青年が所持していた斬奸《ざんかん》趣意書によれば、伊勢神宮参詣の折の無禮行為を伝えきくままに真実と思い込み義憤にかられたという事なのである。しかし、前述の木場貞長氏の談話によると、神宮でのその行為を目撃しうる位置にあった者は、祖父すなわち本人の他には、神官と木場氏の二人以外にないのである。（68〜71ページ）

ということになれば、神官の側から与えられた情報をきいた青年が義憤にかられて凶行に及んだと考えざるをえない。

「原因として二つの事が考えられた。その一つは森有礼がキリスト教信者であると思われていた事である。」（72ページ）たしかに彼のまわりにはクリスチャンがたくさんいた。有礼の後妻、寛子（森有正の祖母）も、その子供の明もクリスチャンであった。

もう一つは、そしてこれこそが直接の原因と考えてもいいと思うが、「世間においてその事が問題とされるのは単に彼がクリスチャンであったと言うその事だけでなく、彼がキリスト教を国教と定めようとの意図をもっているとの事によるのである。その事が風評として伝わっており、その事に対抗して神官の側からは、しきりに神道をこそ国教とすべきであるとの請願がなされて来たのであった。」（73ページ）

ずいぶん昔のことになるが、この問題について森有正先生に直接おたずねしたことがあった。先生は「有礼がキリスト教信者ではなかったということについては、はっきりとした証拠《しょうこ》がある。それに祖父は、当時の政治情勢について明確な認識と理解をもつ人であった。明治天皇は、神道を守ることが天皇のもっとも重要な使命であるというお考えをもっておられた。そういう国家意識をはっきり理解できる人であった。そういうことをはっきりと理解していた文部大臣がどうしてキリスト教を国教としようと考えたりするものか。伊勢神宮の神官が世の風評にまどわされて、すぐれた政治家を暗殺することを企図したとすれば、それは卑劣、且暗愚としかいいようがない。」森先生のそういうお言葉は強く印象に残っているので、今でも正確に書くことができたのだと僕は思っている。

第2章　森有正はなぜフランスにいつづけたのか?

◇最初のデカルト講義

僕は東京大学における森先生のデカルトについての講義をうけた最初の学生であった。森先生は三十九歳、仏文科助教授であり、僕は二十一歳、哲学科一年生である。僕は旧制度の最後の学生であったのである。

フランス哲学の勉強にはフランス語ができるということが根本前提になる。僕は旧制高校でドイツ語の勉強ばかりに専心していたのでフランス語の知識はわずかなもので、それでは十七世紀のフランス語が読めるはずがない。時間のはじめに思いきって森先生にそういう状態でもこの演習に参加することが許されるだろうかと聞いてみた。

「勉強しながらついてきたらいいでしょう。すぐ読めるようになりますよ。」

このはげましの言葉が僕のフランス語熱に火をつけた。まず、フランス語の発音を勉強するために、アテネ・フランセに通って、フランスの教師からフランス語の初級を習い、それとともに、森先生の『ドミニック』（フロマンタン）や杉捷夫《としお》先生の『狭き門』（アンドレ・ジイド）の講読、渡辺一夫先生の「フランス語入門」などに出席しながら、デカルトのテキストをそれこそ辞書と首引きで読むことに熱中していったのであった。

それは楽しい演習であった。森先生にかかると、一見、無味乾燥ともみえるデカルトの合理的推論の背後に、深い情念を秘めた人間の息吹きが通いはじめる。デカルトの合理的思考の論理の中から、深い情熱を秘めた人間性が露呈されてくる。僕は新しいデカルトの読み方を教えられるとともに、いつのまにか、デカルトやパスカルの思想に熱狂していった。もちろん、それだけの研究に専念していたわけではなかったが、他のどんな現代の哲学的課題を追求しているときにも、終極的に帰りつくところは、つねにデカルトであり、パスカルであった。

森有正先生は、昭和二十五年八月下旬に、戦後第一回のフランス政府給費留学生として渡仏された。夏休みのときに僕たちがうけた講義は、そのための補講であったのである。

いつもなら夏休みで閑散《かんさん》としているにちがいない法文経一号館の周辺に学生が続々と集結してくる。ただでさえ狭い十二番教室はほとんど一杯であった。その中には、当時大学院特別研究生であった今道友信氏などがいた。そこへ、こぶとりの森有正先生が白麻の服をきこみ、こわきにボロボロになったジルソン版の『方法序説』や『省察』のテキスト（本来はラテン語本文で読むべきであったが、仏文の授業でもあったのでフランス語訳のテキスト）をかかえて、三階までの階段をかけあがってくる。なんとなくあわただしげで、落ちつきのない先生の様子はいかにもユーモラスだ。しかし、やがて教室はシーンと静まりかえる。『省察』第五部の演習が始まるのだ。
僕は一年の留学期間が終わったら、先生は帰ってくると思っていた。先生が帰ってこられたら、ふたたび先生の指導をうけられることを楽しみにしていた。しかし、昭和四十二年（一九六七年）八月に、一時帰国されていた先生とお会いするにいたるまで、十七年間もお会いできない結果となったのである。（再会した時、僕は北大の助教授であった。）

出発前の先生はいそがしく働いておられた。『デカルト研究』の原稿を整理すると同時に、パスカルにかんする学位論文を準備されていて、ほとんど完成寸前の状態にあった。その結論部分に収められることが予定されていた「パスカルにおける『愛』の構造」という論文は、すでに昭和二十三年五月に角川書店発行の『表現』という雑誌に発表されていた。これはきわめて深い洞察にみちた画期的な論文で、その後のぼくのパスカル研究の出発点となるところの作品であったのである。

森先生の滞在期限は一年間ときめられていた。定められた期限が終了しても、彼はパリから一向に腰をあげようとはしなかった。「私ははじめこの留学にそれほど大して期待していなかったのです」と彼はいう。

わずか一年の滞在期間しか許されていないのだし、その間に専門の研究においても大した成果をあげることができるとは思われなかった。はじめ船がマルセイユに着いたとき、彼はどうしてもパリに行くのがいやで、この南フランスの港町で数日をすごしてしまった。何かパリには恐ろしい「僕の手に負えない何かがある」という気がしていたという。この言葉はおそらく嘘でも誇張でもないと思う。では、この「恐ろしさ」というのは何を意味するものであったのだろうか。

僕の感じた恐怖をもう少し分析してみると、パリは僕にとって何かどうにもならない、密度の高い、硬質のものがある、という感じだった。そしてパリの方は僕を全然知りもしないし、必要としていないのだという感じだった。人は、僕の方こそパリを必要としているのだ、僕はパリに行ってたくさんのことを学ぶのだというだろう。しかしこの考えは僕に関する限りまちがっている。いったい人はパリに行って何を学ぼうというのだろう。頭の悪いのもよい加減にしないといけない。そんなことは全部吹けばとぶようなことなのだ。パリに行って、自分のためになるように学べることは全部日本で学ぶことができるのだ。

汽車がマルセイユを出てコート・ダジュールに入ろうとした時、僕は遙かにそびえるノートル・ダム・ド・ラ・ガルドの聖堂をみて、殆ど泣き出しそうになった。僕の運命の道標のように思えたからだ。（中略）教会の上には南仏の青い空が拡がっていた。岩山の頂上には強い風が吹き荒んでいた。眼の下にはマルセイユの港が、青い波と長い防波堤と幾千幾万の家々の屋根とで、巨大な人間の営みを表わしていた。極東からはるばる乗ってきた二万トンの巨船ラ・マルセイエーズも、その中では、角砂糖の一つよりも小さい一塊でしかなかった。この光と風と岩と海との、自然の四元のみたす広袤《こうぼう》の中に、厚い石の壁に囲まれ、岩山の上にしっかり据《す》えられたノートル・ダム・ド・ラ・ガルドの聖堂の内部は、全く別の世界だった。幾百の人が跪いて、聖歌をとなえていた。香の煙は乱されずに縷々《るる》として立ちのぼり、蝋燭の焔は、窓のない、暗い内部を柔和な光で仄かに照していた。それは文字通り「我らの避け所なる神」を如実に示していた。タントゥーム・エルゴーやアヴェ・レジーナ・セロールム、もう二十年も前から九段にあるフランス人の学校の聖堂で知っているグレゴリアンが、ここでも唱われていた。外形だけを見てはいけない（全集1・15〜17ページ）

この言葉は、彼がマルセイユ港に着いたときに感じた、名状しがたい「恐ろしさ」の実体をある程度説明しているような気がする。それは一口で言ったら、自分というものの中にある本質的なものが、フランスという異国の風土に触れることによって変わってしまうという恐怖心とでもいったらよいのだろうか。もちろん、自分はどこまでいっても自分でしかない。「自分には自分というものがあって、他の人とは異《ことな》っているということ」――それを彼はだれよりも鋭敏に感じてきた人であった。魂の中の同一性が崩れ、全体としての自我は、瞬間、瞬間によって変わる、無数の、感覚的、アトム的自己に分解してゆく。そのときにのみ、本質的な変貌ということが生ずるのである。それはつまり、自己崩壊ということなのである。

実は、森先生と僕とのあいだに長いこと行われてきた論争があった。森さんは「自己崩壊」ということが自分の中に起こった変化であることを認めることができなかった。しかし、僕は森先生の自我は崩壊していたという完了形で語ったことは一度もない。その時、森さんは「自己崩壊」の危機に直面していたというだけである。そういうことがなければ、あれほど怖かったフランス文明に恋するところまで行くはずがない。少なくとも、幼児期の感覚がよみがえってきて、感覚が理性に優位する時点があったことはたしかである。森先生は『生きることと考えること』という僕との対談の中では、こう述べている。

私には〝崩壊〟という経験はほとんどないのです。これはむしろ、自分の主観的な、自分の内面にできるだけ徹しようとした態度のせいかもしれませんが、私自身としては、その崩壊ととらえる時期をかえって逆に、自分の主観性・人格性の高揚期として意識するのです。たしかに、私は崩壊しつつあったのかもしれない。そういう蓋然性は多い。しかし私自身には、自分が崩壊しつつあるという意識はほとんどありませんでした。（16ページ、傍点引用者）

それは森先生の中において無意識の過程において起きたのだろう。僕はやはり、無意識のうちに自己崩壊の危機に直面していたことを仮定したい。そういう心の過程を仮定しなければ、その後の彼の心の変化が正確に読みとれない。やがて彼の内に、「僕の仕事そのものが、内面的に、文明ということの水準に相応《ふさ》わしく、活動しなければならない」（全集・21ページ）という自覚が生まれる。

この自覚は僕に絶望と前途へのはげみを同時にあたえてくれる。僕は外界をもっと落ついて、余裕をもって見ることができるようになった。絶望といったが、これは外の硬質のものが、僕の熱情にもかかわらず、努力にもかかわらず、また誠意にもかかわらず、依然僕とは別の他のものであって、絶対に僕の熱情をもってそれに置きかえられてはならないし、置きかえることができるものでもない、という悲しい経験からきている。（全集1・21ページ）

これこそは自己崩壊の危機を難儀して通りすぎてきたものだけにしかいえない言葉なのではあるまいか。そういう危険の予感に、彼の魂ははやくからおののいていたのである。それはどういうことかというと、彼は祖国にいるときから、ヨーロッパの怖《おそろ》しさをパスカルやドストエフスキーの研究によって学び知っていた。知識の上でなら、フランスの文化を隅々まで細かく知ることはそれほど難しいことではない。しかし、本当の意味でヨーロッパの精神を知るということは、それを外側から、たんなる対象として見物しているだけではできるものではない。相手のことを本当に深く、相手自体に即して知ろうとするならば、その相手の存在そのものによって跳《は》ねかえされるか、あるいは、あまりにも相手の中に深くのめりこんでいって昔の自分が徹底的に否定されるか、そのどちらかであろう。自分が傷つくこと、否それどころか、自分が失われることを恐れていては、本当の意味で他者を知ることなどできるものではないのだ。

◇一種の恋愛関係

それは「一種の恋愛関係」になぞらえることができるだろう。恋愛とは、相手を自分の中にひきいれると同時に、自分も相手に与えつくすことである。その結果、もとの自分は毀《こわ》れてしまうかもしれない。生活も地位も崩れ落ち、安定した場所は失われてしまうかもしれない。（毀れてしまうかもしれないというのは自己崩壊の危機を意味する。）それでもなお、恋にいのちを賭けるというのでなければ本物とはいえない。しかし、そこまでつきつめて考える人は少ない。自分は傷つかない安全地帯に残しておいて、相手の存在を自分の圏内にひき入れようとすることばかりに多くの人は汲々《きゅうきゅう》としているのである。つまり、世にいう恋とは多くの場合、相手の存在そのものとは何ら関わりのない自我の熱狂にすぎないのだ。そのような恋ならば、たとえそれに破れても、自尊心が少し傷つけられるだけですんでしまう。青春の一時期がすぎ去れば、まるでウソのように熱狂も醒め、昔ながらの自分のリズムの中にかえってゆくことができる。彼の自我は、本質的には無傷のまま生きのびたのである。

だが、森有正の場合はちがう。彼はそのようなニセモノの恋では満足することはできなかった。「僕はこの文明からかえりみられず、その中から棄てさられる運命の可能性を考え、覚悟した上でなければ、この文明と接触することはできないのだ」（全集1・22ページ）という。

僕ははじめてマルセイユに着いたとき、このことを予感していただろうか。だからあんなにパリに行くのが恐ろしかったのだろうか。文明というのは人間の生きる高い道で、外側から見物したり、利用したりすることができるものではないのだ。それは一種の恋愛関係だ。文明を自分のものとし、同時に自分も文明のものになるということだ。しかしもしこれがなければ、二つのものの関係というものは何というつまらないものだろう。リールケとパリとの関係は正にそういう恋愛関係だった。（全集1・22ページ）

彼のうちには、「自分でもどうにもならないような〈ある凶暴な意欲〉」がひそんでいて、ひたすら相手の中へと自分を駆りたててゆく。その果てにはどのような破局的結末がまっているかもしれない。そこから、あの名状しがたい〈怖ろしさ〉がやってくるのである。

これはまさしく「恋」というものだろう。森有正がフランスに対して、またヨーロッパ文化というものに対して抱いていた感情は、この言葉によってしか説明することができない。

この恋の芽生えは、遥か幼年時代にまで遡って考えることができる。もしかしたら、彼はこの世に生まれおちたその瞬間から、彼の地を想いつづけていたのかもしれない。彼の祖父は森有礼。有名な欧化主義者であった彼は文部大臣になる前、長いあいだアメリカ公使、イギリス公使をしていた。伯父たちはみなイギリスで小学、中学の教育をうけ、生まれながらにして西欧的雰囲気を身につけた人たちであった。父は日本におけるキリスト教の開拓者。母は古い封建貴族（徳川本家）の家柄に生まれた人。父方の祖母、つまり、森有礼の妻（岩倉具視の第五女）は彼によく写真帳を見せてくれた。「男の人は殆んどみな立派な大礼服をきていたし、女の人は明治に特有の黒い長い洋装をしていた」。こういう「時代おくれの貴族的雰囲気」に育った彼は、そこから「一種の生活力の弱さとヨーロッパ的感覚」を、いつのまにか身につけてしまっていたのである。

幼年時代の生活経験がその人の精神のうちに、かなり深い翳《かげ》を落すことはだれしも知っていることだ。「血の頽廃《たいはい》」ということを彼はいうが、たしかにそれはある程度まであたっているかもしれない。行動力という点では、旧貴族はいわば社会的弱者といえるだろう。世襲財産に依存しなければ生きてゆくことができない彼らは、生まれながらの自負心とともに、新興階級のたくましさに対する本能的恐怖心と劣等感をいだいている。そこから、彼らの内部に、ある暗い、屈折した精神状態が形づくられてゆく。

弱者は、夢が支配的となり、心理の網に自分たちの存在がとらわれ、それを内面化し、夢が肉体の隅々にまで貫通してしまうのだ。（全集1・101ページ）

そういう〈デジェネレ〉（頽廃）の傾向が自分の血の中に生きつづけていることを、彼はたえず感じていた。社会的、経済的な面において日本の風土に根をおろすことが少ないだけ、それだけいっそう彼の魂は想像の世界をさ迷いつづけていた。その心のむかう先は海の向うの遥かな国であった。それは自分の外へ超えでることでありながら、同時に、自分の根源へとかえってくることでもあった。

僕は小さい時から、自分が遥か彼方へ行くことを夢みていた。

東京の西郊にあった僕の生れた家の二階の西側の窓からは、浄水場の土手の上の樫の木が遠くに一本見えていた。夕方、赤く焼けた空の中に、この孤木は、小さく黒く立っていた。これは僕にとって、遥か彼方にあるものの象徴だった。（全集1・73ページ）

これは『バビロンの流れのほとりにて』の一節で、一九五三年十二月に書かれたものであるが、それから十五年たって書かれた「早春のパリから初秋の東京まで」という文章の中にも、この同じ樫の木の話がでてくる。

自分の生れ育った家、それは七十坪ばかりの木組の頑丈な日本家屋だったが、……家の事情で数年間転々としていたことがあった。しばらく家を去るその日、私は死んだ父が書斎にしていた西向の六畳の間に行った。西側に幅の広い窓があった。硝子戸、雨戸、木組の格子が滑るようになっている窓框《わく》の下の方は、幾条も戸の滑るみぞが薄く彫られている幅二十センチ以上もある太い角柱が横に嵌《は》めこまれていた。私はその重厚な感覚を愛して、いつもその太い頑丈な木の框に手でふれてみるのであった。(全集4・110ページ)

この「樫の木」はたしかに、彼の心の深部にひそむある根源的なものにつながっていたにちがいない。幼年期には、だれの心のうちにも、自分をとりかこむ人や事物に対し鋭く感応する「一つの帯」のような圏《けん》が形づくられる時期というものがあるのであって、この感覚圏がはっきりと具体的な〈かたち〉をとって露《あら》わになってくるのが、いわゆる意識のめざめの時なのである。森有正という人は、彼の幼年期に形成された、異常なばかり鋭敏な、「感覚圏」を成年になってまでもちつづけている人なのである。このことが他の何よりも注意していただきたい、いちばん大切なことなのである。

もしかしたら、彼は、この意識以前に形づくられた、この原初的経験の促しに従って、「遥か西の方」の異国に旅立ったのかもしれない。「樫の木」は今はどんなに遥かに離れていても、やがていつかはそこへと帰りつかねばならない彼の出発点、幼年期における自分自身の存在を意味していたのである。

ヨーロッパの各地をめぐり歩き、あるいは、アフガニスタン、インドを訪れるというように、彼はいつも「旅の空の下に」ありながら、ただ自分自身だけを探し求めているのだ。「『自分』を十分に自分の手で確かめて見たい。人間は自分から外に出、また自分にかえって来る。パスカルの言っているとおりだ。」（全集1・97ページ）――しかし、その自分はどこにいるというのだろう。おそらく、ヨーロッパの風物の中にそれを発見することはできないだろう。ノートル・ダムのほとりに今住んでいる自分は過程の中の自分にすぎない。いつか決定的に自分自身とめぐりあうために、いまかりにそこに宿っているにすぎない。彼はまだ自分を探しだす旅のさなかにいるのだ。本当の自分自身は、おそらく、あの古い日本家屋の中に大きな土蔵や庭のある、うす暗い家の中に住んでいるにちがいない。そこの窓からは、土手の上に立っている樫の木が遥か西の方に眺められるにちがいない。

森有正はけっして、生まれながらの放浪者ではない。冒険よりもむしろ定着を愛する性《たち》の人間である。そのことは、自分の存在を、土壌から養分を吸い上げて生長していく一本の木と同質化していることからもわかる。「私は本来、あちこちと歩きまわることを好まなかったし、またいろいろちがったことに手を出す趣味もない。フランスに出かける前には国内旅行もほとんどしたことがない。」（『旅の空の下で』全集4・82ページ）どちらかといえば、生家の二階でただじっと坐っているのが「なにより楽しかった」（全集4・82ページ）と自分でも語っている。その彼が遥か遠くに出かけ、そこに二十年近くも住みついてしまった。「それからずっと私は旅の空の下にいる。今日から十九年目が始まるのである。」（全集4・82ページ）その彼を異郷にひきとめていた力は、自分でもどうにもならないような、ある根源的な欲求、意識下において生まれた感覚のめざめといったものであったのではなかろうか。

少なくとも、彼をパリに魅きつけ、ひきとめたものは、いわゆるエキゾティシズムというようなものではなかった。それは『流れのほとりにて』の中の言葉を借りて言えば、「自分を新しい感覚に触れさせて、今あるものを破壊して先へ進もうとする意志、凶暴な意欲の表われであったのだ。」（全集1・76ページ、傍点引用者）いいかえれば、異国の土に足を踏み入れたその瞬間に、久しく忘れていたある感覚のめざめが、つまり、幼年期にのみ味わうことのできた〈もの〉との原初的な触れあいの感覚が、鮮やかに蘇ってきたのである。それは、彼にとって戦慄的な出来事であったにちがいない。「パリは人の感覚を目ざめさせる場所」であり、そこからはじめて表現に達し、思想を生みだしていく道を探索しはじめる。ここにこそ、後年の「経験の哲学」という形をとって開始される思索の出発点が見出されるのである。ここに辿りついたからには、もはや帰国してもとの生活にもどることは思慮の外にあることだった。今、パリにいる現在の自己は、以前は新宿の角筈《つのはず》にいた自分と全く同一であるということが発見された。その時、もはや東京に帰ってやり残した仕事を続けるという進路は断ち切られたといっていいだろう。

彼の中に生き、かつ働いている経験は、明らかに「円環的構造」をもっている。


遥かに行くことは、遠くから自分にかえって来ることなのだ、ということである。そしてこの遠くからかえって来た自分は、旧い日本にかえったのではなく、自分にかえったのだ。そしてその内容は、もう日本にではなく、ヨーロッパと感覚的に結びついてしまったのだ。（全集1・77

〜78ページ）

これらの文章は一九五三年十二月二十五日という日付において語られている。全集の第1巻の解題者は、「著者がフランスに『留る本当の決心をしたのは一九五二年の早春のある日』のことで、『ある決定的な手紙を書いて日本へ出してから』だったという。そして、自分の思索の展開を、友人宛の書信に托すようになった」と記している（全集1・442ページ）。『バビロンの流れのほとりにて』の最初の文章の日付は、「一九五三年十月八日」となっている。かりに、「彼がフランスに留る本当の決意をしたのは一九五二年の早春のある日」のことだったとしても、それを親しい人たちに理解してもらうことは容易なことではないことを彼は自覚していたにちがいないから、長文の書簡の形式で、自分の心境の変化を語りつつ、一九五三年十二月二十五日になってやっと自分の決心を語ったのだと考えても、少しも不自然なことはないと僕は思う。

第3章　孤独と愛

◇ポール・ヴァレリーと森有正

森有正も海が大好きであるようだが、ポール・ヴァレリーもそれに輪《わ》をかけたくらい、海に面した自分の町が好きだった。彼が南フランスの地中海に面した港町セートに生まれたことは、彼に関心をもつものならばだれでも知っている。ここの丘にある学校に通った。この土地と彼の精神に消え去ることのない印象を残した地中海のことを懐《なつか》しく想いおこしながら、くりかえし語っている。

そこが私の出生地であって、それについて私は、生れるならばそういう場所で生れたいと思っている場所で、私が生れたという、単純な感想をのべておく。私は、海や人間の活動から、私の生涯の最初の印象を受けるような場所で生れたことを嬉しく思っている。すなわち港を見下ろしている露台からの眺めほど、私の愛する景色はないのである。出来ることなら私は、かの傑れた海の画家、ジョゼフ・ヴェルネが〝海港の種々の労作〟と呼んでいるものを眺めて生涯を過すだろう。……眼は随時に自然を眺めることができて、それは本来の、永遠に原始的な自然であり、人間はそれに対して作用することを得ず、それはまた明らかに、宇宙的な諸勢力に絶えず曝《さら》されているのである。(ヴァレリー全集(筑摩書房)11・258ページ)

ここに来て、「なんだどこにでもある港町にすぎないんじゃないか」と失望する旅人もいるかもしれない。

だが、ヴァレリーにとっては、ここは特別な場所であったのである。彼の精神は、港にたち寄る帆船や、貨物船や、そこに働く男たちに交わって、一体となって、その風景を呼吸していたのだ。いわば、彼は人間の息《いき》と自然の作用が通いあう一つの宇宙を生きていたのである。それは、通りすがりの旅人の眼などにはとうてい映し出されることのありえない〈幻想〉の世界であった。これがまた、彼のいわゆる〈詩的宇宙〉の原型でもあったのである。

この幻想的宇宙と現実の対象世界との関係は、いってみれば、〈楽音〉と〈噪音《そうおん》〉、〈秩序〉と〈無秩序〉の関係に対比されうるであろう。現実世界の噪音は、けたたましく吼《ほ》える犬の声とか、ドアを閉めるギーッという音とか、自動車の急ブレーキの音のように、それぞれつながりのない、雑然とした音を呼びおこす。これに反し、幻想的世界の混乱がカオスとすれば、この音楽的宇宙はまさしくコスモスであろう。ヴァレリーは現代の聞くに耐えない噪音の世界に目を閉じて、妙なる楽音のなりひびく音楽的宇宙を幻想する。しかし、それはけっして現実世界からの逃避であるのではない。彼はあくまで幻想的宇宙に固執することによって、今日の狂気じみた文明に警告を発しているのである。森有正は、シャルトルのカテドラルの美しさに感動して次のように語っている。

シャルトルで、僕は瞬間に、カテドラルの小さいことを知った。エキリーブルとプロポルシオンが幾何学的にではなく、人間の単位に従って構成されていることが判った。この印象は圧倒的に強かった。殊に西側正面の壁面が、生命をもった一つの顔であることが判った。それはペギーのあの美しい詩に、まさに、文字通り対応する顔だった。人間の感覚のフォルムと共通の秩序をもつこのカテドラルは、それ自体一つの生命として、僕の感覚に入ってくる。その線の何という柔らかさ。灰色の空の下に立つ、右側のロマン様式の塔は、慎《つつま》しくさえ見えた。(全集１・２４０ページ)

ここにはまさしく、フランス的な秩序の感覚が一つの堅固な形のうちに具象化されて生きていることを思い知らされて、森先生は感動したのであろう。僕ら異邦人にはごく自然な対象物にすぎないものが、地中海文明の遺産として、はげしく共鳴を迫ってくるのをみるとき、いつのまにか不思議な感動にとりつかれてしまうのである。

ポール・ヴァレリー、彼こそはギリシア精神の精髄が現代人のうちにおいて化身したような存在である。これに反し、パスカルが古典的節度をこえてヘブライ的な宗教感情を吐露するとき、ヴァレリーはある種の苛立ちを感ぜずにはおれないのであろう。

ヴァレリーは地中海そのものによって、秩序の感覚を身につけたのである。彼は言う――「人間は万物の尺度であるといったプロタゴラスの言葉は、本質的に地中海的な性格を有するものなのである」と。地中海そのものによって、人間的尺度で物を見る感覚を植えつけられたヴァレリーが、パスカルのうちに、「あまりにも過剰なるもの」を発見して耐えがたい思いをしたのであろう。パスカルは「大いなるパーンは死せり」という言葉で、古典的教養文化の死を宣告する。しかし、これはヴァレリーがもっとも哀惜《あいせき》する音楽的宇宙の崩壊でなくてなんであろうか。パスカルは、彼の才智を傾《かた》むけ、驚くべき雄弁を駆使して、ギリシア的な調和的宇宙を破壊し、コスモスをカオスへとつき戻そうとする。これはヴァレリーにとって、なによりも耐えがたいことであった。

ここまで書いてきて、ハッと気がついた。僕はもしかすると、この二人の思想家のコントラストを描きあげることに急ぐあまりに、ヴァレリーのうちにあるヘレニズム的感覚を強調しすぎたのかもしれない。彼もまたキリスト教的ヨーロッパに生まれた人だ。彼のうちにはゲルマン民族の血が流れているにちがいない。彼の内部にも、古典的節度をやぶる、あらあらしい生命力の横溢《おういつ》に魅《ひ》かれる心の傾斜がひそんでいないとは限らない。あるいは、コスモスの秩序をもとの混沌へとつきかえす強暴な力を讃美せずにはおれないゲルマンの民族的な熱情にとらえられたことがないとはいいきれまい。このことを証拠だてるものとして、同じ『地中海の感興』のなかの次の言葉に注意されたい。

ある朝、数百匹の鮪《まぐろ》が取れた大漁の翌日、私は海に泳ぎにいった。私は海上の素晴しい光線に見惚れて、ある小さな突堤の上を歩いていった。そしてふと足許を見たとき、私は平穏な、明るく透き通っている水の中に、凄惨《せいさん》に美しい混沌が蔵されているのに気がついて身慄いした。〝何か、胸が悪くなるような赤い色をしたもの、微妙な薔薇色をしたのや、深い、気味の悪い紫色をした塊が、そこに横わっていた。……そして私はそれが、漁師が海に投げ込んだ昨夜の魚の臓物の全部であることを悟ったのだった。私は私の見ているものに堪えることもできず、それを避けることもできなかった。何故なら、それ等の肉塊が私に抱かせる嫌悪は、その有機的な色の混乱や、そういう浅ましい内臓の装飾的な効果が私に感じさせる疑いもない、異様な美しさと、私の裡で争っているからだった。そこからはまだ、血の混じった煙や、どういう具合にか、澄んだ水の下に今まで繋がれていた淡い色の、繊弱な袋が時々浮んできて、その間にも、非常に緩慢な浪が水の底の屠殺場の上に、きらきらする顫動を漂わせていた。

　心が嫌悪するものを眼は愛好した。辟易と興味とに、逃避と解析とに引裂かれて、私はそういう光景を極東の芸術家、たとえば北斎のごとき才能と好奇心とを持った者が、どういう風に扱うかを考えてみようとした。（ヴァレリー全集11・262〜263ページ、傍点引用者）

　この一文を深く味読するとき、なぜか僕は、ヴァレリーがパスカルを語るときの、ほとんどとり乱さんばかりの嫌悪と拒絶の意味がはっきりと納得されてくるような気がするのだ。彼はおそらく、パスカルが『パンセ』のなかでくりひろげる思想のドラマを食いいるような眼で覗きこんでいたにちがいない。パスカルが語る人間存在の深淵、それを見ようとしない人間どもの愚昧、驕慢、虚栄、我欲、自己欺瞞《ぎまん》――そうした人間の性のあらゆる暗黒が凄惨《せいさん》なばかりにえがきだされている。この一巻の書を、〈心〉では嫌悪しながら、〈眼〉が愛好していたにちがいない。となると、「もしもパスカルを非常に愛していたのでなかったのでなければ、ポール・ヴァレリーはなぜあれほどしばしば、激しく攻撃したのでありましょうか」という、アンリ・モンドールの、アカデミー・フランセーズにおけるポール・ヴァレリー追悼演説のなかの評言も、あながち不当とは言えないと思えてくるのであるのだが、はて読者はいかにお考えになりますか?

さて森有正の問題はどのように展開していったのであろうか。森有正の文章を一部引用する。

三、四日前、汽車が朝の光りを浴びるマルセイユを出て、バンドール、シオタ、トゥーロン、更にフレジュス、サン・ラファエル、アンティーブをすぎてカンヌに着くまで、僕はマルセイユにはじめて着いた日から今日までの三年の年月が、僕にとって、どんな意味と重味とをもっているかを考えつづけていた。(中略)僕の仕事そのものが、内面的に、文明ということの水準に相応わしく、活動しなければならないという自覚である。この自覚は僕に絶望と前途へのはげみを同時にあたえてくれる。(中略)絶望といったが、これは外の硬質のものが、僕の熱情にもかかわらず、努力にもかかわらず、また誠意にもかかわらず、依然僕とは別の他のものであって、絶対に僕の熱情をもってそれに置きかえられてはならないし、置きかえることができるものでもない、という悲しい経験からきている。(全集1・21ページ、傍点引用者)

どうして森先生はいつも〝絶望〟と言ったり、〝悲しい経験〟と言ったり、どうも弱気にすぎるのである。ポール・ヴァレリーのあのねばりづよい強さから学んでほしいものだとつい思ってしまう。彼はいつも自分の現状に対して誠実でありすぎるのである。のろのろとでもいいから、ひたすら、前進をつづけ、後ろをふりむかないでほしいのである。

◇母との距離の感覚

江藤淳が『成熟と喪失』の中で、エリクソンの所説に依拠しながら、日本の男性は母親と官能的といえるほど感覚的に結ばれている。これと対照的なのがアメリカの場合である。アメリカの青年の大部分が母親に拒否されているという心の傷をもっていると述べている。森有正の場合、このアメリカの青年のケースに似ている。彼は西欧的な個人主義の家庭に育って、はるかに幼年時代の頃から、自分が母から遠ざけられているという距離の感覚をたえずもっていたのである。その母について、彼は『流れのほとりにて』で書いている。

昨晩、僕は夢を見た。見すぼらしい日本家屋に住んでいるお母様を訪ねる夢だった。僕の母は、学習院では、学問がよくできて、テニスが得意だった。そのやせぎすな上品な顔には、いつも一《いち》抹《まつ》の淋しさが流れている、高貴で正直な方である。母を考えると頭が狂いそうになつかしさでいっぱいになる。母を考えると、僕の悲しみの根源が深く母から流れ出しているのが判る。封建制度のもつ一種の高貴さが母の魂の中に結晶しているようだ。いつも静かにしている母の存在を僕は忘れがちだったが、この頃になって、僕の存在がどんなに深く母の存在に根ざしているかが判るようである。僕が母の子だからというのではない、愛というものを結晶させる一種のかたちを僕の母の存在はもっているようだ。母は非常に冷たく見える人だ、（中略）しかし、愛し、なつかしく思う特定の人々に、僕の感情と愛情とは結晶する。結晶をまちながら、結晶できないで、飽和状態の液体のようになっているのが、僕のかなしみの本態なのだろうか。僕は自分がそういう一種の空間のような存在である気がする。（全集１・１０７〜１０８ページ）

この言葉のうちには、彼の存在にふくまれている秘密のすべてが隠されているような気がする。彼がなぜパリに行き、二十五年もいつづけたのか。そうした、これまで、ぼくが執拗《しつよう》に問いつづけてきた謎を解く一つの鍵が、ここにかくされているような気がする。「いつも静かにしている母の存在」――それが彼の愛とかなしみのすべての源泉であったのである。彼はたえず遠ざけられているということを感じつづけてきた。この距離の感覚は遥かに遠い、意識のめざめ以前のときから彼の心をゆさぶりつづけてきたものであった。

人と人とのあいだは、つねに一定の距離をおいてへだてられていなければならぬものであった。その距離にじっと耐えることによって、そこから「かなしみに充ちたやさしさ」が溢れでてくる。それが、彼における〈愛のかたち〉であった。こうして形づくられた〈愛のかたち〉は、彼が愛するすべての人に適用される。それはたとえば、彼の初恋の人とのあいだにおいても、また、彼と娘とのあいだの関係においても認められる。

人と人とが密着した情緒的関係に共生している日本の社会においては、彼のような生き方は到底理解されるものではない。そういう共同社会に生きるかぎり、彼の精神は安定しない。ところが、遥か異国にやってきて、ヨーロッパの孤独におかれたとき、彼の心は非常にくつろぐことができた。どうしてか。そこではだれも彼の内面にまで土足でふみこんでこようとしない。パリはどんな人でも、人種を問わず、国籍を問わず、だれからも束縛されないで自由でいられるところだからである。ここにも共同社会はあるが、そこには人と人とが一定の距離をおいてむかいあって生きることができる「隠れた秩序」（全集1・388ページ）があったのである。

彼はまわりの風景を眺めているときも、石の彫刻とか、建築物を前にしたとき、心が落ち着く。裸の女よりも裸の女を刻んだ大理石の彫刻を愛する。そのような彼は冷酷な存在であろうか。これはだれでも知っていることだが、彼はじつにあたたかい感じがする人なのである。彼は友人でも、初めて会った人のためにも、たえず何げないジョークを言って人を笑わせることが実に上手なのである。


君はDÉSERTIONSという言葉を知っているだろうか。ある人の周囲から親しい人、親しそうに見えた人、味方、味方らしくしていた人が、その人が困難な事情に遭遇すると次々に、いつとはなく立ち去っていくことである。これはその人自身が悪いこともあるだろうし、そうでないこともあろう。（中略）僕は自分が正しい人間だとは決して思っていない。しかしまた僕の悪のゆえにこの孤独が来た、とも思っていない。そこには本質的に種類のちがう何かがある。それを究めることは今の僕にとって非常に大切である。それは僕が海外に長くいてしまった本当の理由に触れてくるからである。僕がこうして海外で孤独に入っていくことと、いな、入らされて行きつつあることと、こうして海外にいる理由とが一つに融合してくるのを見るのは、何という悲しみだろう。そして何という慰めだろう。（全集1・253ページ）

しかしこの孤独にならざるをえない状態が、その人にとって（その人は孤独が大嫌いであるにもかかわらず）、他のあらゆる理由よりも大切だったら、どういうことになるだろうか。人は理由のない愛でなければ満足しない。この同じ条件が人を孤独にするのである。（全集1・254ページ）

彼は遥かなる人を深く思慕しつづけながら、同時に、その人を拒みつづけねばならない。そのような愛をだれも理解してはくれない。もともと、〈理由のない孤独〉を判ってくれというほうが無理なのである。もちろんそのことは彼も充分承知している。だから、彼はその孤独の中にあって、それを一つの宿命として耐えつづけた。あくまで人の無理解に耐えて、この〈愛のかたち〉を生涯護りつづけようと決意していた。ここに、彼がいつまでも海外にいつづける本当の理由があったのである。彼がいつかそこに（故国に）決定的に帰りつくことを自分自身に対して拒みつづけていたのである。

現実の人間はやはり、社会の中において耐えがたい想いをいだいて、他者とともに生存していかざるをえない。その社会が崩壊し、自己と他者をつなぐ絆《きずな》がすべて断ちきられたとなっては、人はとても生きていけるものではない。森有正もそういう深淵の前にまでつれだされた。日本での生活と地位は失われる。友人たちが続々離れだし、彼を批判しだす。早くから無関心になってしまったものもいる。それは耐えきれないほどの悲しみであった。「僕は今、苦境（精神的に）にいるのだ。」（全集1・78ページ）しかし徐々にたち直っていった。どのようにして？　それは今ではおぼろげながら僕（筆者）にもわかってきた。つまり、AMOR FATI（運命愛）の心をもつことによって、とでもいおうか。彼の魂はともすれば悲しみの感情にゆり動かされ、ひととき自己崩壊の快感に身を委ねようとしかかっていた。しかし、自我がこなごなになって世界のなかに溶けこんでいこうとする、その果てにおいて、すべてが失われた寂寞《じゃくまく》たる空間の上に不思議な明るみがあらわれ、たちまち、あたり一帯に拡がっていく。自分が世界と一つになっていくという、かなしい、しかし深い慰めがどこからともなく訪れてきたのである。

森有正はヨーロッパの風景にひとり佇んでいる。あたりの空間一杯に拡がる静寂の中でじっと孤独をかみしめている。彼はこの孤独が運命によってあたえられたものであると考えようとした。もしも、自分の不正直で不当であることが自分を孤独に追いやったとするならば、この孤独は醜く、救いがたいものだ。しかし、「ただ、人間であろうとする時に、人間が孤独におち入る必然性をもっているとするとどうであろうか。」（全集1・254ページ）彼はただ自分にあたえられた究極の〈愛のかたち〉に従おうとしているだけなのだ。それはこの世に生まれおちた、その瞬間にすでにあたえられていた始源的感覚に深く根ざすものであったのである。それはたしかに一つの運命といってもよいものであった。そのことを悟ったとき、彼のうちにある覚悟が定まる。「僕が孤独の道を歩く運命にあるならば、僕はどんなに激しい寂寞《じゃくまく》も厭《いと》わないだろう。」（全集1・254ページ）そう感じたとき、孤独は限りない〈かなしみ〉であると同時に、一つの深い〈慰め〉となる。ここにおいては、DÉSOLATIONとCONSOLATIONが一つに融けあって、その奥から、ある感動が迸《ほとばし》りでてくる。それが自分にとって避けがたいものであるならば、どんなに恐ろしい孤独と虚無への道であろうと、黙ってその道をひとり歩きつづけていくことになることであろう。それはたんなる服従でもなければ、諦念《ていねん》でもない。それはAMOR FATI（運命愛）という言葉でしか表現できないような一つの決意であったのである。この決意によって、彼は崩壊の危機に直面しながら、その絶望からはいあがり、自己再建への道を歩みはじめる。その〈崩壊から再建へ〉の精神の歩みを記録したのが、あの『バビロンの流れのほとりにて』に始まる森有正の一連のエッセイだったのである。

第4章　経験が名辞の定義を構成する

◇「霧の朝」

一九六六年二月号の『展望』に発表された「霧の朝」は、休火山がそれまでの沈静を一挙に打ち破ろうとでもするかのように、森先生の真骨頂が現れてきて、若い日の経験と思索とが見事に結実した作品となって読者の前に提示された。それは、忘れられていたなにものかが目覚ましい衝撃をうけて呼びさまされたようにうけとめられたのだと思う。日本の論壇でとりかわされていた戦後平和主義についての議論が、ここパリに来てみると、まるで実体のない、ものすごく浅薄なものであることに森先生は気付いてしまったのである。

日本文化の在り方をふりかえるならば、そこに体験的要素がきわめて強く、外国から入ってきたものを、その経験の根柢まで掘り下げて思索することをせず、むしろ逆に新しいものを自己の体験で理解しうるものに変化させようとする傾向が無意識のうちに強く働いていたように思われてならない。（全集3・79ページ）

僕がパリに来たのは、ちょうど十五年前、一九五〇年の九月の末であった。（全集3・6ページ）

この十五年の間に、僕のいろいろ学んだことの一つは、経験というものの重みであった。（全集3・9ページ、傍点引用者）

経験が名辞の定義を構成する……。これは経験という言葉の含蓄する意味の一部かも知れないが、またその本質的な部分であるに相違ない。（全集3・11ページ）

これはなかなか理解しにくいことかもしれないが、森先生にとっては、非常に大事なことであったのである。

このことを反省したとき、僕には言葉というものが限りない重みをもつものとして現われてくるようになった。言葉が重い、というのは、直接に言葉自体が重いというのではない。それが無数の定義によって荷われ、しかも一つ言葉であるからである。その上に、言葉はすでに存在し、人間の営みはその周りに集合し、それを無限のニュアンスのうちに定義しながら、その一つ一つ同じことばで命名されるという事態である。これは、また、伝統、或いは継承ということの深い意味をも解明することになるであろう。（全集3・11ページ）

伝統はわれわれに深い促しを起す。その時、自己の経験の形成が開始される。誤解してはならないことは、自己の中に喚び醒された促しとそれにもとづく自己の経験をほかにしては、伝統とその言葉とは、未だ自己にとっては、何の意味もない単なる空虚な言葉にすぎないということである。この意味でノミナリスムは真理である。やがて深められた経験に伝統とその言葉とがおのずからやって来て、その経験に名を与えるのである。（全集3・13ページ）

ざっと以上のような内容のことが森先生がパリに来て十五年のあいだに考えたことであったのである。しかし、このことが彼にとって根本的なことだったのである。その経過を反省すればするほど、「一つ一つの言葉や観念に、殆んどわずらわしいくらいに具体的な経験が裏打ちされていなければならないことがわかってきた。」（全集3・14ページ）問題は一つ一つの行為に勇気と決断と責任がどれだけ必要かがわかってくるはずなのだ。これは実践の知恵のようなもので、モンテーニュやデカルトが深い心の糧《かて》としたことがこうしてわかってくる。

言葉には、それぞれ、それが本当の言葉となるための不可欠の条件がある。それを充すものは、その条件に対応する経験である。ただ、現実にはこの条件を最小限にも充していない言葉の使用が横行するのである。経験とは、ある点から見れば、ものと自己との間に起る障害意識と抵抗との歴史である。それから出て来ない言葉は安易であり、またある意味でわかりやすい。社会の福祉を論ずるにしても、平和を論ずるにしても、その根柢となる経験がどれだけ苦渋に充ちたものでなければならないかに想到するならば、またどれだけの自己放棄を要請しているかに思いを致すならば、世上に横行する名論卓説は、実際は、分析でも論議でもなく、筆者の甘い気分と世渡りと虚栄心とに過ぎないのである。(全集3・21ページ)

日本から来る雑誌類を見ていると(中略)経験の重みを荷った発言が殆どないことは、心細いかぎりである。現代の文学にいたっては殆どまったく論外であると言ってよい。あの厖大な戦争と戦時とを扱った文学のどこに戦争の経験があるか。ことごとく、いや全部とは言わない、殆どことごとくが体験を多かれ少なかれ加工したものではないか。ところで永井荷風の戦時の日記は著者は意識しないにせよ、経験に裏づけられた戦時文学である。なぜかというと、戦争が、かれの全経験の中で巨大な障害として存在し、その障害の前を逃げまわりながら、抵抗し、経験の中でこれを克服して行く姿がはっきりと感得されて行くからである。(全集3・21~22ページ)

日本国全体に対しても同じことが言える。平和憲法、たしかに結構である。しかしその成立に、体験的要素が余りにも多い(ことに日本の場合)ことを考えると、平和主義に対して一度懐疑的

> にならないのは、どうしても間違っていると思う。デカルトは真理であると思われることを一度真剣に、徹底的に疑う勇気をもっていた。言いかえれば、自分を疑う勇気をもっていた。考えてみるがよい。中共は武装し、原子力までもつようになった。ソ連はいうまでもない。フランスまで原子力で武装をはじめた。非戦主義のインドがパキスタンに攻めこんだ。平和憲法に保障された日本で内心それらの国が日本よりすぐれた国だと思っている人がたくさんいる。ことに平和主義者にそれが多い。他方平和主義国であるはずの日本が民主主義的に選ばれた政府の手で米軍に基地を提供している。こういう苛烈な現実の中で、平和がどれだけ困難なものであるか、一度、平和そのものの根拠にまで掘り下げて根本的に疑って出直さないと非常にあぶないのである。旅先で外国人から戦争拋棄を褒められて悦に入っているなど問題外の醜態である。憲法が戦争を拋棄したから急に平和が大切になるのはまったく逆で、法律などあってもなくても、平和が大切なのであり、敗戦があったろうがなかったろうが、平和は大切なのである。（全集3・23ページ）

そのほか、フランスの教育における作文の重要さ、第二ヴァチカンと宗教的自由の問題など、さまざまのテーマについて同一の視点から論じられている。

「霧の朝」について、田中美知太郎その他いろいろの人たちが新聞や雑誌でとりあげていた。

なお、「霧の朝」だけでなく、その他いろいろの優れたエッセイを掲載した『遙かなノートル・ダム』（筑摩書房、一九六七年）は、一九六七年度第十八回芸術選奨を文学部門で受賞している。

◇ 不可知論的要素

森先生の経験にもとづく思想の最初の出発点は何かといえば、それは「内面的促し」ということである。すでに存在している文化が、私にある方向へとむかうオリエンテーション（方向づけ）を与えてくれるということなのである。

たとえば、デカルトが「一六一九年十一月十日に霊感にみたされて新しい学問の基礎を発見しつつあった」（A. T. t. X. p.181, OLYMPICA）という。この発見自体が一つの促しであったのである。

明晰判明な認識を得て、それを自分の人生を豊かにするために使いたい。その考えはどこから来たかというと、デカルトがラ・フレーシュの学院において、人文学やスコラ学の教育をうけた。そういうものの中に理想として含まれていたものがデカルトの内面的促しという形であらわれる。

そういう伝統をこえていくという非連続的な面が、人間の主体性の確立を促し、そういう伝統をこえるという非連続な働きによって、より深く伝統と結びついていく。伝統と人間の独創性との一種の弁証法――そういうものが人間の生命、現実の姿なのである。

人間はだれでも「経験」を離れては存在しえない。ところが、その経験の中にある一部分が、特に貴重なものとして固定し、その後の、その人の行動を支配するようになる。そのようなとき、それは経験ではなく体験になるのである。

それに対して経験の内容が、絶えざる内的革新によってこわされて、新しいものとして成立していく。それが経験なのである。

たとえば戦争に行ったことが、ある一つの記憶になって残り、何度も何度も同じことをあきもせず、いろんな人にしゃべりつづけたいという衝動にかられる人がいる。それは戦争経験ではなくて、戦争体験と私は呼ぶものである。あらゆる学問が合理的な開かれたものになる傾向と同時に、凝固し、迷信的傾向になるという危険性をもっているのである。

フランス哲学の伝統から見るとき、「不可知論的」な要素がたえずそこにある。モンテーニュがフランス思想の父だといわれるのは、まったくそういう意味においてである。そこには不可知論的なものがある。Que-sais-je?（私は何を知るか）と問いかける精神である。

「不可知論的になる」ということは、「自分に対してたえず否定的な原理が働く」ということである。人前でやる自己批判などというのは集団に自己を売り渡すという面をもつ。つまり、そこには〝百万人といえどもわれ行かん〟という精神がないわけである。経験というのはそれほどに広いもので、倫理性をすべて含んでいるものである。経験に忠実であるとき、自分も他人も自由を尊重するのである。

西欧人は、日本人のように集団主義的に、いつのまにか他人の意見に無批判のまま同調して、画一的な思考におちいることは少ない。それはどうしてかというと、個人の判断や判断の自由が基本的に前提されているからである。ただ、力の論理が不当に世界を支配し始めたとき（たとえばナチス時代のドイツ人）、それに対抗する人は少数でも命を賭けるが、大多数はやむをえず集団の力にまきこまれていく。

これは戦後になっての話だが、むやみに技術を尊重するような文明のあり方においては、日本人的な画一的、集団主義的なふるまいが、少なくとも生産力向上のためには有効になる場合がある。たとえば反対派をすべて殺してしまって戦争へ、破壊へと突進していくヒットラーのやり方が戦時には有効になることがある。ところが、アングロサクソン、アメリカのような経験主義的行き方（その時その場合に応じて経験主義的に行動すること）は、絶えずたちおくれる。しかし、後者は充分の経済力と、余裕をもってやるから最後には勝利者となるのである。

ある根本的な発見があって、それに伴ってものを見る目そのものが変化し、また見たものの意味が全く新しくなり、全体のペルスペクティーブ（パースペクティブ）が明晰になってくることが大事なのである。それから、自分の感覚がまわりの対象に対応するだけの明晰な認識にまで成熟する時までの経過をじっと忍耐づよく待った。

経験という言葉で私が意味するものは、一人一人の個人の他と置き換えることの出来ないある形成されたものであって、その場合、個人というのは勿論抽象的な、生物としての一個の人間というようなものではなく、社会、歴史、伝統の中に、その問題をもって、また信頼と反抗とをもって内在する一人の人間をいうのであり、「経験」というものがその一人の人間を定義するのである。（全集3・50ページ）

森先生は自分の経験が成熟するにいたるまでは一歩もこの地（パリ）を離れまいと決心していた。そんな決意を日本的な常識が理解してくれるはずがない。

森先生はパリに来て〈感覚のめざめ〉ということを経験した。彼は感覚の原点に立ちかえり、そこから始めて表現に達し、思想を生みだして行く、自分独自の道を探りあてるまでにはこの異郷の地にとどまりつづけるしか道はないと自ら悟ったのである。

森有正はまさしく例外者であった。デカルト的な近代を、それが尊いものであるにせよ、あるいはうとましいものであるにせよ、たんなる抽象的観念として（たんなるアタマの中でだけで理解することだけで事足りると考えている他の知識人とはちがって、）自分自身の経験として、これを把えるところまでいこうと決意し、自分の全生涯を賭けて、ひたすら、真摯に経験の哲学を探究しつづけた人であったのである。

◇森先生との再会

一九六七年の七月に、中村雄二郎氏から森先生が泊っておられるホテルの電話番号を教えてもらって、あらかじめ電話でご都合を確かめた上で、先生を訪問した。十七年ぶりの再会だったのである。その時、僕がデカルトやパスカルについて書いた書物あるいは『愛の思想史』（紀伊國屋新書、一九六五年）や『愛の思想』（番町書房、一九六七年）を先生に献呈したのである。この夏には再び番町書房の企画で、僕が三人の思想家と対談することになっていた。そのうち二人までは決まっていた。三島由紀夫と吉本隆明といえば、その時代における話題の人であった。今になって考えると、よく忙しい中をひきうけて下さったものだなあと感嘆せずにはおれない。

どうやら、僕はよほどの幸運の持主らしい。僕のような全く無名の相手との対談の申し入れに対して、直接電話で御依頼したら二人とも即座に承諾して下さった。最後の三人目はやっぱり森先生しか考えられない。非常に恐縮しながら、先生にお願いしてみたら、「ああいいですよ、僕でいいのならいつでもおひきうけしますよ」と簡単に承諾して下さった。こうしてアッという間に対談のお相手の三人は決まってしまったのである。

もう一つ先生にお願いすることがあったが、それは別の日にしようと思っていた。というのは、僕の学位論文の題名に先生の最初のデカルト書の『デカルトの人間像』をそのまま使わせてもらおうと考えていたところ、デカルト研究の先輩である所雄章氏から、「森先生のご許可をえてからでなければ、同じ題名をつけることはできませんよ」といわれていた。後日、森先生に会ったとき、そのことをお話ししたら、しごく簡単に「かまいませんよ」といわれた。一九七〇年(昭和四十五年)に僕の『デカルトの人間像』は勁草書房から出版された。〝あとがき〟の最後に次のように書いた。

「デカルトの人間像」という題名は、森有正先生の名著(一九四八年、白日書院)とまったく同一であるが、問題の性質上これ以外の題名が考えられなかったので、先生のお許しをえてこれをそのまま採用させていただいた。先生の御寛容を感謝申し上げる次第である。

三人の大物との対談は、いずれも四十二年の八月中に行われた。三島さんとの対談は、本人からの手紙がきて、「貴台との対談は八月二十五日(金)午後五時以後にさせていただきます。あまり資料沢山で頭が混雑するより、のんびりお話しいたしたく存じます」とあった。これで、まず三島さんとの対談の日がきまった。資料というのは、僕の『愛の思想』と、それについて北大の同僚との二回の討議の記録を読んでいただきたいという趣旨を三人の対談者にあてて送った。三島さんはそんな資料に拘束されることなく、二人でのんびり話しあおうではないかと言ってきたわけである。

三島さんは「のんびりお話ししたい」と手紙に書いてあったのだが、のんびり話をしていたのは三島さんがあらわれて、ほんの十分ぐらい雑談をしていた時だけで、テープレコーダーがまわりだし、速記者が仕事を開始したときに、相手の言葉をひとことも聞きのがすまいと僕が聞き耳をたて、二時間以上、ただ緊張の連続あるのみであった。というのは、対談が始まると同時に話すスピードがいままでとまるでちがう早さに変わったからである。ただ、途中で食事が出だしたので、冗談《じょうだん》がでてきて少しだけ自分の調子をとりもどしたようである。

吉本隆明は、僕との対談をする条件として、僕が今まで書いた本を全部送ってほしいといってきた。『愛の思想』をしっかり読んでいる上に、これについて論じている北大文学部の先生たちのシンポジュームの速記まで読んできている。「いろんな人があなたの発言に対して異をとなえている。その発言自体の中に重要な発言はないと思うが、この書物をつらぬくあなた自身の考え方の抽象度がはっきりしていないということを言う。「僕はあなたの書物の『愛の思想史』と『危機における人間像』のうち、後者が一番いい本だと思う。技術的なものの異常な発達とそういうものへの従属と、それから疎外される人間の孤立感と、そういう二つの緊張関係をあくまで堅持しなければならないという一貫した問題意識があると思う。その場合にあなたはハイデッガーの〈世界内存在〉に対して、〈状況内存在〉というかたちで問題を展開される。そこで一番関心のあることは、ここでフロイトをとり上げておられますけれども、本当は〈愛の問題〉に深い関心がある。」

ここまで綿密に僕の問題を分析して、究極的には「愛の問題」に関心があるのだろうといわれれば、「その通りだ」といわざるをえないわけで、少し困っていたというのが本音である。ヒューマニズムに対しても、キリスト教もマルクス主義もヒューマニズムをもちだすが、そこには少しも個的な展開がない。エゴというものを明確に確立しないまま、ヒューマニズムを主張することは空虚である。砂漠に始まったヘブライズム——モーセの宗教は、峻烈な義の宗教に終始するものであった。砂漠の民族の風俗習慣は「目には目、歯には歯」という復讐原理につらぬかれていた。そこへイエスがあらわれて「人もし汝の右の頬をうたば左の頬をもさし向けよ」ということを言った。「目には目を」という倫理的鉄則が支配する砂漠の苛烈な世界のなかにいながら、このような態度をとることは自らを死に追いやることにひとしい。しかし、かれはあえて死をえらび、死して生きることに生涯を賭けた。つまり、「イエスの隣人愛の思想はまさしく愛の不在の極限とも言えるような砂漠的断絶の状況のさなかから、その逆転として生み出されたものだ」ということが、若い時の僕がいいたいことであった。

森有正先生はその時ちょうど東大哲学科助教授の山本信さんのお宅にきていた。僕は山本信さんのお宅を訪《おとず》れて、森先生と再び会った。

「吉本氏との対談はうまくいきましたか」と先生は問い、

「うまくいったかどうかはわからないけど、大変な戦争をしてきたような気分なんです。はじめて吉本隆明という人にあったんですが、ものすごく抽象的、論理的な思考が得意な人で、徹底的に追いつめられた感じだったけど、それが妙に快感だったという気がします。だけど、四時間論争をつづけてきて、今は疲れ果てたという感じです。」

森先生も山本信さんも爆笑していた。

「私と戦争するエネルギーだけはためておいて下さいよ」と先生はおっしゃった。そういえば、あと三日したら、森先生と対談する日がやってくるというわけだ。

森先生とは三日後、ある料亭の静かな雰囲気の中でお話しした。僕は十七年間という間隔《かんかく》はあったけれども、もともと先生と教え子という絆《きずな》があったわけだから、前の二人との場合とは比較にならないほどゆったりとした気持でお話しすることができた。最初僕がおききしたことは、「どうして一年間の留学という約束だったのに、フランスにいつづけ、帰国してこられなかったのか」ということであった。何か日本の共同体的な生活の絆から、抜けだしたかったのかとお聞きした。

M　そういう気持はぜんぜんないのです。むしろ私にあったのは恐怖心です。マルセーユで上陸するのがいやで、マルセイユにいても、パリへ行くのがいやだったのです。これは、そのとき一緒だった留学生がみんな知っていますけれども、僕はこのまま日本に帰りたいと言ったのです。最初の五年目に日本に帰ったときには、まだその気持がとれてなかったのです。

I　『流れのほとりにて』のなかにおいては、風景と先生という関係だけが描かれていますね。

M　ですからそれは、フランス社会とぶつかるのを避けていたのです。その意味でフランスの風景とか、主として非人間的なものに思考が向かったというわけです。

I　日本人の孤独の質とヨーロッパ的な孤独の質の問題なんですけれども、それは根本的にどういうところがちがうと考えますか。

M　ある意味で孤独にならなければ解決できないものを、ヨーロッパは含んでいるわけです。神の問題にしても、科学的な真理の問題にしても、個人の理性と意志が認めなければ、しょうがないわけです。日本では、人が言ったというだけでいい。一つの権威というか、信頼関係というか、ある情緒的関係、そういうものによって結ばれた共同体的な関係というものが経験を最後に定義するものとして残ってくると思うのです。

I　こうして、僕のいちばんの恩師といえるような先生と、完全に横の関係でお話をしようということを簡単に考えだす男ですから「僕という人間は」。

M　それは非常に結構ですよ。

I　哲学というものは、そういう横の対話のないところには絶対に生まれないと思うのです。

M　いや、生まれないどころか、横の対話の関係の精髄が哲学というものですよ。

I　いちばん孤独という問題に徹底した思想家はデカルトだと思うのですが、それを逃避と解釈する人がいる。たとえば、アンリ・ルフェーブルなどは涜神《とくしん》という不安、恐怖から逃げだしたのだと解釈します。

Ｍ　ルフェーブルはイデオロギーから言ってますよ。だからもっと純真に、デカルトの孤独それ自身の意味をつかまえていないところがある。

Ｉ　デカルトは、いわば、まったく主体的、能動的に孤独であることを自らえらんだと思いますね。

Ｍ　そうですね。

このようにして森先生との対話がつづくわけだが、この辺で止《や》めておこう。

一九六七年の夏から定期的に三ヵ月ぐらい森先生が日本に滞在されることが恒例の行事になった。羽田空港にお迎えに来るのは辻邦生氏、栃折久美子さん、そして僕が常連で、ときによってＩＣＵの荒木さん、筑摩書房の風間さんなどが加わることもあった。最初にかならず神田の「山の上ホテル」にお泊りになるのが慣例になっていて、そこまでついていって、先生はいつもレストランでカレー・ライスを二人前、僕は一人前食べることになっていた。

一九七〇年八月十五日に北大文学部主催の森先生の講演会が開かれることになった。この時の先生のお手紙が出てきたので引用しておきたい。

先日は〝批評〟をお送り下さり、貴稿を大変うれしく拝読しまして私の拙い本をよみ良くまとめて下さって心からお礼申し上げます。殊に終りの部分は大変感銘深くよみました。（この終りの部分というのは例の DÉSOLATION と CONSOLATION の一致という話である。）

つづいて、お手紙を拝見しました。講談社の対談の件、日本に着いてすぐ私（森）がまとめますから協力して下さい。北海道の件については講演は一回でしたらおひきうけいたします。オルガンのリサイタルは、私は演奏を職業とする者ではありませんからかんべん下さい。ともかく次の件につき至急お返事下さい。

① 小生七月十二日東京着、四、五日神田辺のホテルにとまり（それがどこになるかは筑摩にきいて下さい）それからＩＣＵに移ります。

② 秋の講義まで二か月ありますので、かなり長期間札幌へ避暑したいと思います。七月下旬から八月一杯位泊まる中ぐらいの宿屋が札幌にあるでしょうか。そしてその間北大のオルガンを使用させて頂けるでしょうか。私の練習中ききたい方がきて、きかれるのはもちろん御自由です。リサイタルをする勇気はありません。

③ 講談社の原稿整理は七月中に終えたいと思います。これは私自身が大兄の質問に答えて自分の思想を解明する大切なものですから十分気を入れてやりたいと思っています。

お姉様御夫妻もお元気ですか。今夏はぜひお目にかかりたいと思います。どうかおついでの節よろしくおつたえ下さい。

七月二十九日　森有正

『批評』という雑誌は三島由紀夫を中心として、佐伯彰一、村松剛、遠藤周作、秋山駿などが編集する同人誌であり、僕も準同人のような形で参加し、季刊で年四回だったが、ここに毎号のように、評論を発表してきた。その最後の十九巻に「風景の中に佇む思想」という題名で、日本で最初の「森有正論」を発表した。これをパリにいた森先生は「自分が深く理解された」という意味で喜んでくれた。「終りの部分」というのは“DÉSOLATIONとCONSOLATION”つまり、絶望と慰めが根源的に一つのものであることを直観した、ということの意味を徹底的に追求した最終章に深く感銘したということだろうと思う。この「風景の中に佇む思想」は僕の第一評論集『拒絶と沈黙』(勁草書房、一九七〇年)の巻頭エッセイで、もう一人の私の先生であった斎藤先生もこの評論をもっとも評価してくれた。実は、この題名の文章を個人的に印刷したもののコピーを、先生に再会した最初の日にお渡ししてあったのである(一九六七年の七月)。これが雑誌『批評』に発表され巴里のアパートにお送りしたので、この手紙はそのことへの謝意の表明からはじまっているのである。

講談社の対談というのは、講談社現代新書の一冊として、一九七〇年十一月に『生きることと考えること』という題名で発表されたものである。僕はあくまで聞き手として、先生が幼いころから経験し、思索したことをできるだけわかりやすい言葉で語って下さるようにお願いしたつもりである。「森さんのヨーロッパ滞在が今後かりに三十年あるいは四十年になったとしても、日本でもう自分ができ上ってしまった私がヨーロッパでどういうふうに生きてきたか」をありのままに語っていただこうとしたのである。もしかしたらこの本は「森有正入門」として読者に親しまれたのかな、と僕は思っているのである。

さて、もう一度、北大の講演会の話にもどる。先生の宿所はクラーク会館の中にある宿所にきまっていた。パイプ・オルガンもクラーク会館の中にあるのだから都合がよかった。パイプ・オルガンで練習されることは自由であった。文学部主催の講演は八月十五日の終戦記念日に行われることになっていた。その頃僕はそこからすぐ近くの公務員宿舎に住んでいたので、先生のお世話をするには便利な場所であった。

クラーク会館のオルガンは、二段鍵盤にペダル鍵盤のついた手頃のものである。ボンのクライス会社製で、実に美しい乾いた音がする。朝みんなのまだ寝ている五時頃起きて、二時間から三時間練習する。小さいコラール前奏曲四つと大きいコラール前奏曲四つ、昨年からやっているあの長大な変ホ長調の前奏曲とフーガ、ハ短調のパサカリアとフーガ、それからオルガンの全能力を動員して演奏するアラブレーヴェ、すべてバッハの作品である。（全集5・69ページ。）

この文章は一九七一年に書かれている「暗く広い流れ」の一部である。先生は一九七〇年から七二年までの三年間、札幌に来ていた。僕が北大をやめてからは、僕の愛弟子《まなでし》の坂井昭宏君に先生のお世話を全部やってくれるように頼んでおいた。

先生があまりに熱心に、一日三時間以上練習しておられることが心配でならなかった。その無理がたたったのか発病され、札幌医科大学付属病院に入院することになった。この大学の第一内科主任教授和田武雄先生が森有正の愛読者であったから、手厚い看護と綿密な検査を受けることができた。病院にゆくエレベーターの前に立ったとき、森先生はおどけて「僕は上に行くのですか、それとも下にゆくのでしょうか」と聞かれた。地下は霊安室と書いてあった。「それはまず上に行っていただいて、それから後になって下へいけばいいじゃないですか」と答えた。こういう緊急のときの下手なジョークは禁物である。病院にひとりでいると不安になるらしく、僕は可能なかぎり長時間、病室で先生のそばにいつづけた。「だれか気のきいた女の人にでもつきそいをさせましょうか」と言ったら、「その必要はありません」と強い口調でおっしゃった。

　栃折久美子さんの『森有正先生のこと』（筑摩書房、二〇〇三年）によると、一九七〇年八月七日、講談社のAさんが来て、「今日、北大の伊藤さんに電話したら、奥様が出られて、森先生が昨日まではお元気だったのに、今日、具合が悪くなられて、伊藤さんは病院に呼ばれて行っているということだった」が、翌日、ICUの、札幌が郷里である荒木さんが和田先生に会って聞いたところ、「脳出血などではなく、一時的なもので、ただ少し血圧が高く糖尿があるということ、月末まではこちらにいられるもよう」と説明があった。

　札幌から帰って来た筑摩の風間さんに託された栃折さんへの手紙を受けとった。
先生の手紙には「札幌へは、もし私を見舞うためでしたら来ないで下さい。私は人が自分のため右往左往するのがきらいなのです。私自身、人のためには何一つしない人間で、私の価値もそこにあるのですから」と書いてあり、風間さんから「栃折さんが札幌に行くのはやめていただけませんか」と言われたようだ。

　こういう話の前に一つの事件がおきた。

「伊藤さん、困ったことがおきてしまいました。私がフランスで二十年かけて築き上げたものがすべてなくなってしまいました。」

「少し落ち着いて考えてみましょう。ここに来るまでは早くからクラーク会館に全室予約が入っている日があって、二日間だけ公務員宿所におとまりになりましたね。先生の背広をそこのクロークに入れたまま、ここに入院したのではないのでしょうか。そういえば、大きな重要書類が背広の内ポケットに入ってましたね。」

「はい。」

「では公務員宿所に電話をかけて聞いて見ましょう。」


すぐ公務員宿所に電話をかけてみたら、「森先生のお洋服も貴重品もこちらに大切に保管されています」という返事があった。すぐ僕が代理人としてとりに行き、病院にとどけた。

僕の推理はぴたりと適中したのだった。僕の物忘れぐせは大変有名であったが、「上には上があるものだな」と思った。僕は先生の知性と感性が非常に優れているという点において尊敬すると同時に、先生の幼児性と欠陥面に対して深い共感と愛情をもつ者であった。先生がひとりで病院にいるのが不安であった。先生の病気は「頸動脈閉塞症《けいどうみゃくへいそくしょう》」ということで、最悪の場合は脳血栓になってしまうというこわい病気だったのである。「先生があまりオルガン演奏に熱中しないで安静にしておれば、大丈夫まだまだがんばれますよ。」和田先生がはげまして下さった。八月十五日には仮退院の許可がおりて、無事、「思想と生きること」という題名で、行われた講演会は終った。会場には満員の聴衆がつめかけて、好評であった。終戦記念日に行われた講演であったので、まず「八月十五日を今は終戦の日と呼んでいるが、本当は敗戦記念日というべきでしょう。なぜなら、敗戦によって人々の考え方が何もかも変わったという、そのことをつねに思い出すことが必要なのです」という話から講演は始まり、思想というものは体験とはまったくちがうもので、自分自身が深く成熟し、深い自己批判という否定的な原理が働く経験からのみ生まれいずるものなのだというといういつもの話をなさることによって結着したのであった。

一九七一年九月一日に先生は札幌から東京に帰ってこられた。僕と筑摩の風間さんが羽田にむかえにいった。栃折久美子さんの『森有正先生のこと』によれば、一九七二年に先生の長男の有順《ありゆき》さんが許婚《いいなずけ》の人と一緒にパリに日本からやってきて、三月十日にパリで結婚式をあげたということである。「嫁は二十四歳の億万長者の一人娘で、結婚して家政婦になるのはいやだから、デザイナーになる」といいはっているというのである。

一九七三年に先生はパリの大学都市の中にある日本館の館長になられた。

◇ NHKでの音楽会

一九七四年八月にNHKで「女性手帳」の時間にNHKホールのオルガンで、「人よ汝の罪の大いなるを嘆け」を演奏した後に、森先生のバッハと彼の作曲したコラールについて講演されるのをずっと座席で最後まで聴いていた。そして全部終わってから、NHKの男女二人のアナウンサーが先生と僕の二人を和風のフランス料理で有名な小川軒でご馳走してくれた。（これが、先生と一緒に食事をとった最後の夜であったのである。）札幌時代には僕のアパートにお呼びして、何回も妻の手料理をたべていただいた。西荻窪の「こけしや」で二回ご馳走していただいた。ＩＣＵの隣にあるゴルフ場でも、先生といっしょに二回ステーキを食べに行ったことがある。

一九七三年に世界哲学会議がブルガリアのヴァルナで開催されたので、僕はそれを口実に二か月のヨーロッパ旅行を計画したが、その本当の気もちは、パリにいる森先生に会いたいということであった。七月二十八日に東京を出発し、ロンドン、ストックホルム、アムステルダム、ロッテルダムからバーゼルまでライン川を上る船旅をへて、スイスに行き、パリに着き、九月四日にパリの日本館にいる森先生と会った。あらかじめ僕が訪問する日時は約束してあったので、先生はお嬢さんと一緒にライス・カレーを作って準備して下さっていた。それは非常においしいカレーであった。日本館の運営がどんなに大変であるかということを長々と話された。

その日まで丁度、一か月母と一緒の旅行であったが、翌朝、母をシャルル・ド・ゴール空港に送ってから、少し解放された気分で、デュッセルドルフに二泊し、ウィーンに三泊して国立歌劇場でアグネス・バルツァとホセ・カレーラスの「カルメン」やモーツァルトの「ドン・ジョバンニ」などのオペラを見物し、夜はグリンチンの酒場でWien und der Wein（ウィーンとワイン）を歌っていろんな人と踊りまくってしまって、三日も遅れてヴァルナについたのが失敗のもとだった。翌朝ウィーンの空港に着いたときはひどい二日酔いで、それまでの習慣通りに、前の空港（ウィーン）で次の国の紙幣を若干入手した。ソフィアの税関で厳重な身体検査が行われたのち、僕の財布のなかから何枚かのブルガリア紙幣が発見されたとき、直ちに不法であるとして全額没収されてしまった。共産圏では西ヨーロッパの習慣は通用しないというわけだ。この話は、何枚かの写真と一緒に、一九七三年十一月九日号の『朝日ジャーナル』に発表したことなのでここではくりかえさない。

ともかく、共産圏はこりごりという気持になり、ギリシアに飛行機でゆき、パルテノン神殿を見物していたころ、無性に森先生に会いたくなり、ギリシアからパリへと飛行機でとんだ。パリでは自動車ショーをやっているらしく、カフェで電話帳を見ながら、いろんなホテルに電話をかけたが、すべて満員で、最後にムーラン・ルージュの近くにある、いかにも貧弱なホテルを予約しておいて、そこまで車で行って、その夜はやむをえずそこにとまった。翌朝午前中に森先生に電話して午後七時にお目にかかる約束をした。

さて、森先生と約束をして、サン・ミッシェルの近くで先生を待っていたが、いつまでたっても先生は現れない。その間、人形の店を見つけて、タヌキの人形とかいろいろなおみやげを買い揃えていた。その時、ハッと気がついて、ギリシアとパリでは時間差が一時間あるために、七時というのは僕の時計では八時に会うことになることが判明した。

長いあいだ待たされた森先生は空腹に耐えきれないという状態になっていたらしい。ともかくも中華料理店に行って食べようと、店にいそいでいった。森先生は、僕がブルガリアでの事件を報告しても、それには全く興味がないという様子で、ひたすら食うことに熱中していた。もう僕は満腹だといっているのに、隣の客がとった蟹料理を眺めていて、「あれもおいしそうだね」といって、それをとりよせることになった。それが出来上がるまでのあいだ、欧州のかかえている財政的問題や文明の危機ということについて意見を交換していたのだが、そのときワインを飲みすぎて少し酔っていたので、その時間にどんな内容の話をしたか少しも覚《おぼ》えていない。

ともかく、森先生と一緒にいると、誰の場合もそうであるらしいのだが、いつでも一緒に食べるということになって、結局、それで終わってしまうことになるのである。

第5章　デカルト・パスカル研究

◇パスカル研究の開始

森有正先生は、最初、キリスト教的な哲学者としてのパスカルの研究に専念した。昭和二十一年（一九五六年）に『知性』（一月号）の中で、次のように語っている。

私がはじめてパスカルの名前をきいたのは、もう三十年近くまえ、暁星中学の五年の時であった。校長のエック先生が修身の時間にパスカルのことを話され、時間をかけてじゅうぶんに熟読することのできる著者として『パンセ』の著者パスカルについて教えてくださった。その時以来私の頭にパスカルという名前がこびりついてしまったようである。その後、高等学校（旧制）から大学の仏文に進んだが、結局、パスカルを専攻することになってしまったのもなにかの縁だと思う。

さて、それから三十年たった今日、くりかえしパスカルを読んだ後を反省してみると、彼から教えられたものが、いかに私の思想にとって決定的なものであったかが感ぜられる。（全集３・４１７ページ）

もう一つの点は、たしかに思想の歴史家がいっているように、パスカルの思想はその構造において、今日の実存主義的思想が扱っている問題の殆んどすべてを含み、その点で、彼をよく読んでいたことは、私がハイデッガー、ヤスパースなどのドイツ系実存哲学や、またサルトル、ガブリエル・マルセルなどのフランス系の実存主義を多少なりとも、正しく理解するのにどれだけ役に立ったかわからない。

しかし、私は今、パスカルとはいつも対立的に考えられるデカルトの思想に研究を集中している。近代の合理主義の父であるといわれるデカルトの偉大な思想は、単に表面的な合理主義ではなく、もっと深い人間実存の、パスカルによってじゅうぶんにかえりみられなかった方面に徹していることを発見しつつある。そしてそのことは、やはり、私がパスカルによって人間の実存とはどういうものかを、深く教えられていたことがあずかっていると考えざるを得ないのである。（全集３・４１８ページ）。

◇森有正のパスカル研究の頂点

森有正先生のパスカル研究の頂点はというならば、それは、「パスカルにおける〈愛の構造〉」という論文ということにならざるをえないだろう。

これは角川書店の季刊雑誌『表現』（昭和二十三年春季号）に発表されたが、その原稿が著者に返却されないまま紛失してしまったのである。この雑誌自体も、森先生のところにも、どこにも見つけられなかったようである。それが偶然、神田の古本屋の片隅で、雑誌が発行されてから二十二年もたってから、いわば、奇蹟的に発見されたのである。

昭和四十六年一月に、本郷のコーヒーショップで中村雄二郎氏に会った。

「伊藤君、じつは今、筑摩書房からたのまれて、森さんの『デカルトとパスカル』を編集しているところだが、いちばん重要な『パスカルにおける〈愛の構造〉』という論文だけが見つからないので困りはてていたというわけだが、君は角川の『表現』という雑誌における森先生の論文を見たことありませんか？」

「それ、見たことありますよ。」

「どこで見たのよ。」

「この『表現』という雑誌は短期間で終刊になったものらしく、都内の主要図書館をしらみつぶしに探してまわったのですが、どこでも所蔵していないんですね。それが偶然、神田の古本屋で、ぞっき本と一緒に百円均一でおもての台にあるところを見付けて、本当のところ〝やった〟と思ったんですよ。森先生のところにも元の原稿は帰ってきていないらしく、数年間探しまわっていたのです。これがなければ先生の学位論文も出しようがないということになりますね。」

「非常にありがたい。君が見付けてくれて今ももっているなら万事ＯＫだ。ぜひ、貸して下さいよ。」

「それはお貸ししますけど、印刷が終ったらすぐ、返して下さいね。」

「かならず返すよ。本ができたら君にも一冊送るよ。」


中村氏自身も、この本の解説の中で、この論考は、森氏のパスカル研究の――渡仏前のそれの――ピークをなすものであるとともに、三木清の『パスカルにおける人間の研究』を超えた画期的な仕事であり、「もしこの愛の問題が正しく解決されるならば古来、学者を悩ました『パンセ』解釈の如きも、テキストの問題を一応別にして、内容的には解決されたことになると思うのである」と言い、「パスカルは魂を……運動性において把握する。それは決して三木清の解したような慰戯の内部における運動性のことではなく、心情の自覚において自己と他者との関係を動的に成立せしめるより根源的な運動性である言わなければならない。」「自己」を中心としてこの関係を形成するのが〈欲〉の運動であり、「他者」を中心とするのが〈愛〉の運動であると指摘している。

どういうわけか、僕のパスカル研究の本は二冊とも講談社から出されている。第一が、講談社の現代新書の一冊として、『パスカル――その思想形成の秘密』という題の本が昭和四四年九月十六日に発行されている。第二は、講談社の「人類の知的遺産」の34巻の『パスカル』で、これは元来、この叢書の企画委員の一人であった森先生が執筆されるはずになっていた。その森先生が一九七六年十月に急逝されたため、先生の弟子の一人であった僕が書くことになった。斉藤忍随先生のたってのご慫《しょう》慂《よう》があったため、やむをえず僕が執筆することになったのである（昭和五十六年八月十日）。この本の十五ページに次のように書いている。

> 　神の存在はやはり理性にではなく、心情にのみ直観されるものなのである。心情は実在を観念のうちに閉じこめようとはしない。それはむしろ反対に、自己を超えたものにむかって心を開く人間のあり方なのである。そこにおいては、すべての存在を自己の対象として観念のうちにつつみこもうとするような精神態度はまったく棄て去られている。もはや、孤立的主体として世界に対してあるのではなく、「まったき、心からなる自己放棄」がかれの内に実現されているのである。そのような謙虚な心の状態にあるときにのみ、神の確実性が直観される。その確実性は、観念の明証性にもとづく自己確実性と違って、他者との交わりによって生ずる確実性、いわば〈愛の確実性〉なのである。それは、自分の存在が自分を超えたものによって支えられているという自覚といってもいいだろう。森有正はこのことを次のような言葉で表現している。
> 「心情は一言でいえば、人間存在の自覚的在他性として要約される。自覚的在他性とは、人間存在が他者に支えられてあることを自覚することである。」

　パスカルは、人間を思考する独立な存在であることを認めながら、しかも、キルケゴールと同様に、それを本質的に他とかかわる存在と考えた。人間存在は他者と何らかの仕方で関係することによって、はじめて充足する存在となるのである。パスカルの言う確実性はデカルト的なコギトの確実性とは本質的に異なるものである。神と内面的に結ばれ、深い和解をえた魂の根源的確実性なのである。

◇明証と象徴（デカルトとパスカルとの方法上の差異）

森有正先生においては、デカルトとパスカルの差異は前者が明証性にもとづく方法であるのに反し、パスカルが象徴性にもとづく方法であるという点にあったのである。以下、森先生の論をわかりやすくまとめてみよう。

一般的にいって、デカルトの方法は明証的に真として精神に直観せられる観念もしくは判断から出発して、すべての観念を分析と綜合との順序を追ってそれに還元することを内容とするが、それは方法そのものとしては、単純物性から出発する彼の自然研究においても、コギトから出発する彼の形而上学においても同一である。実際、彼の方法を構成する分析、綜合、枚挙《まいきょ》などの諸規則は、この明証性を確保するための手段に過ぎないのである。

この明証性は、精神と事物との実際的な関係にかかわるものではなく、精神と、精神が事物に関して下す判断、もしくは観念相互間の関係にかかわるものであり、主体は現実の対象との直接の関係から一歩退いたところにあり、自己の有する観念そのものを対象としているのである。従って、その限りにおいて主観主義的、観念論的傾向を示している。

デカルトの普遍数学の根本的意味は、この明証性を確かめる方法をすべての実在的対象に関する判断へと拡張しようとする意図を含んでいる。逆に言うと実在の可能への還元である。あるいは事象そのものに対する、それについての数量的関係の判断への、置き換えである。それはパスカルが自然研究において幾何学的方法によりつつも観念の排列体系から完全性を奪い、実験を媒介としてそれを実在的関係の象徴と化したのとは正に反対の行き方である。

デカルトの方法的懐疑は一定の意図を含む懐疑であった。これは他者を他者として認めまいとすることと同じである。

「我は思考する、故に、我は在る。」デカルトは我という一つの実在にかんする命題を明証的なるものとして直観する。その意義は、思うにくみつくせぬほど深遠である。この命題はたんなる推論式ではない。それは思考するところの我が在る、ということの主張である。それは根本的には観念論的傾向から脱却してはいない。これは方法的懐疑をもってはじめられた当然の帰結である。この命題が明証的に直観されるということは明白な真理である。しかしデカルトにあっては、それは同時に要求であった。

デカルトにおけるこの思考する、もしくは意識しつつあるものとして己れを判断しつつある存在である我は、己れが不完全であること、その判断において完全ではないこと、常に否定を媒介とし、有限であることをも同時に意識している。しかもこの不完全性の必然的自覚は、完全性、無限性の観念に即してはじめて意識に上るのである。このことは凡ての思惟過程が記憶という非直証的、非精神的なものによって媒介されている点において、殊に明らかである。しかもこのことは、自己の観念の中に完全性のそれが必然的に含まれていることを前提としてはじめて可能となる。こうして彼はこの完全性、無限性の観念が己れの思考の中に存在することの必然性の原因として、神の存在を必然的に思考せざるをえなかった。ここでも本質と存在との一致が核心的重要事である。思考しつつあるが故に存在することを必然的に可能ならしめる完全者の観念であるが故に、それは必然的に完全なる存在を含むと判断せざるをえない。因果論的証明（結果からの証明）は本体論的証明の展開された形式に外ならない。時間的、心理的には前者が先行しても、その論理的核心は後者のうちにあるのである。しかも、ここに注意を要することは、この不完全性と完全性、有限と無限、人と神という二元論は、いずれも明証性を求めて進む、自主的な精神の判断の結果として現れたものである。そういう主体的精神の対象となるものは常に観念であった。観念という用語はデカルトにおいて極めて多義的に用いられ、彼は「答弁」の中でそれに定義を与えているが、それは判断の対象になる命題、判断において肯定もしくは否定せらるべき観念であると見られる。その妥当性は主体的精神との一致に、すなわち明証性をともなう精神との合一において成立するのである。こうして、例えば神の形相的実在性 la realité formelle と神の観念の客体的実在性 la realité objective とは、実在とその表現としてよりは原因結果の関係において平面的に思考され、形相的実在性は本体論的証明においては観念の客体的実在性と一つであることが直観される。

　こうしてデカルトは己が生を、知恵への完成への意欲を実現すべき過程として明証性の視野に収め、自己支配、自己規律のためにあますところなく自由に処理する道を拓《ひら》いたのである。

　パスカルの根本的特色は彼がデカルトと異なり、本質的な意味において、他者を他者として尊敬することを知っていたという点にある。こうしてその時代的制約の許すかぎり象徴的にものを、また自己を考えた。凡ては彼にとって実在者を暗示するものであった。

方法において、デカルトは明証の確保を中核として規則を定め、その結果、明晰判明な観念の連鎖による一義的な体系が成立した。これに対してパスカルは事実と、それ自体の示す意味の秩序とを重んじた。

パスカルの事実の尊重は、彼の自然研究の態度の中にも現れている。彼はすでに解釈された事実にではなく、解釈そのものが現実の自然に対して妥当するかどうかをみようとしたのである。もちろん、パスカルは観念自体、命題自体を否定しようとするのではない。パスカル自身、「幾何学を超えるものは我々を超える」と言っている。彼において問題になるのは数学的明証性ではなく、観念を自然そのものにおいて検証しようとする実証性なのである。こうして、観察、推理、実験がその根本的な方法となる。かの有名な真空と気圧とに関する実験の記録を読むものは、彼の熾烈《しれつ》な実証的態度、自分の推理や想像力をあくまで事実によってのみ検証しようとする態度の徹底性に打たれるであろう。もとより自然研究におけるこの事実尊重は、それが明証性に指導された事実尊重であることは言うまでもない。しかしそのことは検証される命題の表現性、象徴性を少しも傷つけるものではない。

パスカルは自然研究のような、いわば低次の、枠《わく》の中にはめこまれた実在を指示する象徴性にはとどまっていない。こうして彼は自然研究から人間研究に転じるのである。

パスカルは右に述べたような基本的態度において人間のすべての営みに接し、さまざまの文章を遺《のこ》したが、『パンセ』こそはその態度が最大限に発揮された不滅の金字塔である。

パスカルは一つの実在的立場に立って問うている。それは本質的に自己を否定するものを含んでいる。ヴァレリーが論難するのは正にこの点である。しかしこの点にこそ彼の真面目《しんめんぼく》がある。人が判断を下すのに三つの原理がある。幾何学的精神、繊細の精神、心情の三つである、生における価値は段階を異にする秩序を形成する。それに応じて異なる認識の秩序があるのである。秩序の構造は立体的である。デカルトにおけるように斉一ではない。人はしかも、各々の秩序において完結した目標に達してはいない。法律、道徳の中に真の正義、最高の善を得られるわけがない。非完結性、焦燥《しょうそう》、暴力の勝利が現実の人間の姿である。これは現実の人間の矛盾、悲惨である。人間は有限者であり、死すべきものでありながら、無限の宇宙の中に置かれている。人間は無限と有限とのあいだにおかれた中間者である。精神生活の現実は矛盾にみちており、真の自由は全くない。この自由なき運命を破り、真に精神生活を完成するには可能な道は唯一つ、神を知ることである。こうして運命は摂理となり、人は神への自覚的服従、信仰の行為によって真に自由となるのであろう。

このように説く森先生ほど明確にデカルトとパスカルの方法的差異を「明証と象徴」という言葉で言いつくすことができた人は、誰もいなかったと思う。

ここから先の分析は次の章を待たねばならない。

◇森有正のデカルト研究の視座

『デカルト研究』は一九五〇年（昭和二十五年）に、東京大学協同組合出版部（東京大学出版会の前身）から十一月三〇日に出版された。この書物によって森先生の研究態度が、これまでとは逆転し、

〈パスカルからデカルトへ〉という方向性をもつことがはっきりする。

森先生の『デカルト研究』の第一論文、「デカルトの方法の形成」の前半は『哲学雑誌』七〇〇号、後半は七〇一号に発表された。第二論文の「デカルトにおける知的啓示について——「方法叙説」第一部末尾の解釈」は『哲学雑誌』第七〇五号に発表された。同号は「デカルト特集号」であった。同号の巻末には森有正による欧文二十頁、邦文三頁の詳細なデカルト文献が収められている。

この時代には『哲学雑誌』は権威のある雑誌であったようだ。明治二十二年に、『史学雑誌』と同じ時期に創刊された。漱石も『哲学雑誌』に「ホイットマンの詩について」という題の論文を、明治二十五年一〇月五日に発表している。

第五論文の「人間デカルト——一六一九年十一月十日の『夢』をめぐって」は『理想』(理想社刊)一九五〇年(昭和二十五年二月号)に発表された。

第九論文の「デカルト思想の神秘主義的要素『イミタティオ・クリスティ』をめぐって——西欧精神史における神秘主義の一断面」は、この論文集のなかでもっとも枚数の多い長編論文であり、大変な力作である。これまで誰もとりあげなかった〈デカルト思想の神秘主義的要素〉という問題に深く潜入しているのである。

「デカルト思想と神秘主義」というのはたしかに魅力的なテーマである。例えば次の文章にその面白さがはっきり出ている。

トマス・ア・ケンピスの純実践的と見える神秘主義も、教会の精密な教理を前提としているのであって、決して、単なる盲目的な実践主義ではない。また、この構造においては、特に意志的な方法の実践が重視せられ、しかも、その方法実践の規準となるものは、直接的体験性である。これは、両者がともに内面性の立場に立っているのと深い関係を有している。デカルトにおいて、方法行使の基準となるのは、明晰・判明な観念であり、神秘主義においては、神の実在の直感である。一方は理性的であり、他方は情意的である点で相違を有するけれども、ともに直接的明証意識の上に立っている。この点に関するかぎり、デカルトの明証意識は、スコラ学よりは神秘主義的体験と相似性を有していると言わなければならない。（全集９・４７０〜４７１ページ）

◇パスカルにおける「愛」の構造

パスカルはその全著作において愛の問題に論及している。『パンセ』はもっぱら「愛」の問題の考察に捧げられているといっても過言ではない。

パスカルはその著作において、愛を amour もしくは charité の両語のいずれかを用いて表現している。これらの語はラテン語の amor および caritas から来たものである。

パスカルは愛する働き aimer-haïr を究極的に一元的に考えないで、その根底にそれを方向づける原理として考えている。「いとしさあまって憎さ百倍」と俗にいわれるように、一方は他方に転換していく可能性をもつ。愛―欲と愛―憎とは形式上四種の結合関係を生ぜしめる。しかし、かかる構造は情念とその規定原理としての心情とのあいだにおいて見られるだけではない。理性《レゾン》の働き、意志《ボロンテ》の働きにも類同的な構造をみることができる。「心情は、理性の知らないそれ自身の理性をもっている。」（B・277）（以下、引用は世界文学大系13『デカルト・パスカル』筑摩書房、一九五八年による。Bはブランシュヴィック版。）

われわれが真理を知るのは、ただ理性によってのみでなく、また心情によってである。（中略）空間には三つの次元があり、数は無限であることを、心情が直観する。次いで、一方が他方の二倍になるような二つの平方数の存在しないことを、理性が証明する。（B・282）

心情にかんしてまず最初に一つの誤解を除いておかねばならない。心情とは何らかの実体的なもので、デカルトにおける魂（âme）のようなものではなく、むしろ魂の在り方に関するものだということである。

直観によらなければ根本原理は把握されない。まして、具体的な人間存在にかかわる場面においては、定義と証明による方法はまったく無効である。

さらに信仰の真理が問題になるときにはなおさらのこと論証的理性は全能ではありえない。神の存在は観念の明証性によってとらえられるものではないのである。

神の存在は、やはり理性にでなく、心情にのみ直観されるものなのである。心情は実在を観念のうちに閉じこめようとはしない。それはむしろ反対に、自己を超えたものにむかって心を開く人間のあり方なのである。もはや孤立的主体として世界に対立してあるのではなく、「まったき、心からなる

「自己放棄」が彼の内面において実現されているのである。そのように謙虚な心の状態にあるときにのみ、神の存在の確実性が直観される。その確実性は、観念の明証性にもとづく自己確実性とちがって、他者との交わりによって生ずる確実性、いわば、愛の確実性なのである。それは、自分の存在が自分を超えたものによって支えられているという自覚といってもよいだろう。〈自覚的在他性〉ということを、もう少しつっこんで考察して見よう。

心情とは一言で言えば人間存在の自覚的在他性として要約される。自覚的在他性というのは人間存在が他者に支えられていることを自覚することである。人間が自然に対して根源的に不自由であり、他の人間に対して慰戯の関係におかれ、人間の働きは常にこの他者の働きの上に成立することの自覚である。更に人間はかかる存在の仕方において自己の存在の悲惨であることを自覚する。それは決して観念的思想的な理解ではない。不安定 inconstance、倦怠 ennui という情念的様相において自己は他者と何らかの仕方で関係してはじめて充足する存在であることを示している。

「他者と自己は根本において非連続的対立である。」このことの意味を深く考えない人が、この対立の厳しさに耐えることができなくて、西田哲学の「絶対矛盾的自己同一」ということばを利用して、「非連続の連続」ということを言っただけで何かすごい発見をしたように考えるのは間違いである。「非連続の連続」という言葉は、たんなる抽象的次元において絶対矛盾的自己同一という概念を把えただけでは何一つ積極的な意味をもちえない。森先生が次のように語るときに、この抽象的概念に生々《なま》しい具体性が付与されることを知るがいい。

ただ『パンセ』においてはその根本基調が神と自己との非連続的連続としての愛の交りの上に置かれていることはほぼ確実に言いうると思う。しかしそれはあくまで罪によって神から分離した魂が依然神に包まれている恩寵の秩序のことであって、栄光の究極的秩序のことではない。連続と非連続、一と多、内在と超越、古代哲学者の重要な主題となったこれらの諸問題は、パスカルにおいてもその究極の解決は依然神秘の中に包まれている。（全集11・28ページ）

◇「が在ること」

自己が他への従属から解放され、独立の存在を自覚することはパスカルにおける人間存在の理解において重要な契機をなしている。

人間は自己自らであることを喜ぶ。人は束縛から自己を解放しようとする自然の欲求を有している。それはデカルトが『省察』において自覚したような、exister の意味における存在 être である。

なるほど『パンセ』は超自然的な愛の立場から書かれたものであり、その目的は護教（apologia）であるかもしれない。しかしその中に描かれた世にある人間（l' homme-dans-le-monde）の姿は決して概念的に把握されたものではなく、彼自らが世において体験した人間の在り方にほかならないのである。パスカルは『パンセ』の一断章の中で、次のように述べている。

「私」とは何か？／或る人が窓にもたれて通行人を眺めているところへ、私が通りかかったとしたら、私はかれに会うためにそこにいるといえるだろうか？　否。なぜなら、彼は特にこの私のことを考えているのではないからである。だが、何びとかをその美しさの故に愛する者は、その人を愛しているといえるだろうか？　否。なぜなら、天然痘がその人を殺さずにその美しさを奪ったならば、彼はもはやその人を愛しないであろうからである。／もし人が、私の判断、私の記憶のゆえに、私を愛するならば、彼はこの私を愛しているといえるだろうか？　否。なぜなら、私はそういう性質を失っても、なお私自身を失わずにいることができるからである。それでは、この私というものはいったいどこにあるのか？　それが身体のうちにあるのでもなければ、魂のうちにあるのでもないとしたら。またそれらの性質は消滅することもありうるものであるから、私の本質をなすものではないが、しかし、それらの性質のゆえでなくして、人はどうして身体や魂を愛することができるであろうか？　それとも、われわれは或る人の魂の実体を、そこにどんな性質があろうともそれを別にして、抽象的に愛するとでもいうのだろうか？　そういうことは、できもしないし、不当でもあろう。してみると、われわれは決してその人自身を愛するのでなく、ただその人の性質を愛するにすぎない。／それゆえわれわれは、官職や地位のゆえに尊敬される人々を、いまさら軽蔑するには当たらない。なぜならわれわれはその人を、ただ借りものの性質のゆえにのみ、愛するのだからである。（B・323）

◇「において在ること」

「があること」を出発点において考えを進めていくとき、ごく自然に「においてあること」、さらに「とともにあること」がそこに必然的に含まれていることが了解されることとなる。

人々は宗教を軽蔑している。彼らは宗教を嫌悪し、宗教が真実であるのを恐れている。これを矯《た》めなおすには、まず宗教が理性に反するものでないことを、示してやらなければならない。尊敬すべきものであることを示して、それに対する敬いの念を起こさせなければならない。／つぎに、それを愛すべきものとなし、善良な人々をしてそれが真実であることを願わせ、しかるのちに、それが真実であることを示さなければならない。／尊敬すべきであるというのは、宗教が人間をよく知っているからである。愛すべきであるというのは、宗教が真の善を約束するからである。（B・187）

人間には構造上偉大の可能性が存するのであるから、真の認識と善とへ向って理性を活動させることは決して不可能ではない。

二つの行き過ぎ。理性を排除すること、理性だけしか認めないこと。（B・253）

直感は実在的対象と交渉し、それによって判断する働きである。想像はそれに反して欲によって利己愛的に働くものである。自己はあるところまで説く者を信じて従わなければならない。説く側では、自己を追求する相手の運動に極力抗《さから》わないように相手の動きを洞察して、注意しつつ歩《あゆみ》を進めねばならない。このように相手の表現からその内心を判断するのが繊細の精神 esprit de finesse である。この点においてパスカルにおける愛の発展は、主体相互間のあくまで具体的実践的交渉を媒介とするのである。この点において、次節で説く「ともに在ること」は、すでにここにおいて働いていると言わなければならない。

◇「ともに在ること」

「において在ること」の秩序は実在者に対して、それを信じつつ模索《もさく》する在り方であった。パスカルは次のように述べている。

三種類の人々がある。一は、すでに神を見いだしてこれに仕える人々。他は、まだ神を見いだしていないので、これを求めようとつとめている人々。他の一つは、神を見いだしてもいず、これを求めようともせずに暮らしている人々。第一の人々は、道理にかなっており幸福である。最後の人々は、愚かであり不幸である。中間の人々は、不幸ではあるが、道理にかなっている。（B・257）

さてこの節は、神を発見する秩序である。それがイエス・キリストという具体的人格との交わりにおいて現実に起こるのがここの中心問題である。

恩寵の年一六五四年

十一月二十三日、月曜、教皇にして殉教者なる聖クレメンスの日

この夜の神秘的体験をパスカルは一枚の紙に書きとどめ、さらにこれを羊皮紙に丹念に書きつけた。これが〃メモリアル〃の名で知られる覚書である。

パスカルが回心において体験した神は、突然新しいものがパスカルの魂におこったのではない。パスカルが教会において神について教えられていたことが、彼の魂の現実となったのである。この回心の内容と構造とを探ることによって我々は何にもまして「とともに在ること」の意味を理解し得るであろう（全集11・93ページ）。

アブラハムの神、イサクの神、ヤコブの神、哲学者と学者の神にあらず、

イエス・キリストの神。

わが神にして、汝らの神。

啓示は人間の魂の空虚を一挙に充たすものであった。人間が世においてありながら、心情において呻《うめ》きつつ求めたものがここに現実となったのである。この啓示における魂の転換の特色は、人間の存

在の構造が完全に充足されたこと。「確実、確実、直感、歓喜、平和」「人間の魂の偉大さ」「歓喜、歓喜、歓喜、歓喜の涙」などの言葉が証《あか》している。パスカルの人間存在の悲惨性の分析は、かかる充実せる、偉大なる啓示を背景としてはじめて十分に意味を有するのである。単なる哲学者の観念的思弁ではなく、かかる偉大なる経験の根底の上にかの人間分析は行なわれたのである。

もう一つ、重要な点は、この回心はイエス・キリストという実在の一人格を中心とするものであるということである。いかに深遠な経験でも一方的、主観的な感情の昂揚では真の具体的普遍性を生みだすことはできない。ブランシュヴィックは「イエスはパスカル神学の中心であり、頂点である」(Pensées et opuscules, par L. Brunschvig, Hachette, 1897, p.300) と述べている。

◇「であること」

では、どういう意味において、イエスはパスカル神学の中心であり、頂点であるのだろうか。それはまず第一に、イエスが神と人間との仲保者であるからだろう。神から人間への下降の道と、人間から神への上昇の道が交わるのは、まさしくこの中心点においてであった。神はイエスを通して、神もまた人間を探し求めているのだという知らせをこの世にもたらせた。イエスの福音こそ神の愛の告知であるのである。われわれ人間は、イエスとの交わりを通してのみ、神のほうへと引き上げられることができる。そういう意味において、イエスはあらゆるものの中心であるといえる。

だが、これだけの意味につきない。第二に、イエスはこの世界のすべてのものの生ける統一として存在する。

イエス・キリストは、すべてのものの目的であり、すべてのものがそこへ向かう中心である。彼を知る者は、すべての事物の理由を知る。（B・556）

世界におけるすべての事物がイエスによって、その存在の根拠をあたえられる。無限に広がる延長的世界のうちになげだされ、孤立化し、自分の生存の根拠を見失った人間も、ふたたびイエスの手によってしっかりと世界のうちにつなぎとめられる。このことが、「救済者が存在すること」（B・60）という言葉のもつ深い意味であったのである。

では、どのようにしてイエスは救済者となることができるのであろうか。すなわち、どのようにして分裂したコスモスにふたたび統一をもたらし、腐敗し、堕落した人間の本性をその本来の姿にたちかえらせることができるのであろうか。それはなによりも、イエスがまったく相反する本性の統一者として存在するということによって可能となるのである。すなわち、イエスは神の偉大をそなえていながら、しかも、人間のあらゆる苦悩、悲惨を体験した。本来、純粋な精神でありながら、しかも同時に、人間の肉において存在した。この秘儀を心の底から信ずるならば、われわれはイエスの生命にあずかることによって神の偉大に参与することができる。イエスを中心とする共同体の一員になることによって、いわば、イエスの肢体《マンブル》となることによって、個と全体、精神と自然との橋わたしが可能となるのである。

肢体は、自己が全体ではないということを知りつつも、自己が一つの全体の肢体であるということを見ないからである。最後に、自己を自覚するにいたるならば、肢体はあたかもわが家に帰ったようなものであり、もはや、全体のためにしか自己に愛着をもたないようになる。（中略）「神につく者はこれと一つの霊となるなり」（B・483）

人間はいわば、この考える肢体（membre pensant）である。というよりも、考える肢体にとどまるべきものである。ところがこの「考える」という働きによって、他との結びつきを離れ、ひとり立ちをしようとする傾向をもつようになる。そのために、自分が全体にとっての肢体であり、全体のために存在することを忘れてしまう。あげくの果てがお互い同士、憎みあうことをつづける。

本来、自分の存在の幸福を感じるために考える働きを神から付与された肢体が、自分たちを救いがたい悲惨に追いやるためにこの働きを利用しているのである。では、この悲惨から逃れでるためにはどうすればよいか。それはもはやいうまでもないことであろう。自分が全体にとっての肢体であり、全体のために、全体によってのみ存在するのであるということを思いだせばよいのである。そして、お互いに愛しあい、理解しあうことの幸福を感じるためにのみ、考える働きを用いるようにすればよいのである。

人間のすべての不正、そして悲惨は、本来、全体の肢体として、全体によって支えられて存在するものでありながら、自分ひとりの力で立ち上がろうとすることから生ずる。

「われわれは生れつき不正である。なぜなら、すべてが自己へ向っているからである。このことは全体の秩序に反する。」（B・477）この自己へ向う傾きを放任することから、社会におけるすべての無秩序がはじまる。この世のすべての現実的共同体は、それらを肢体としている、さらに普遍的な全体に向うべきである。それぞれの共同体は、この大いなる全体に参与し、その全体というのは、いうまでもなく、イエス・キリストを中心とする愛の共同体である。それぞれの共同体は、この大いなる全体に参与することによってのみ、永遠にゆるがない基礎の上に立つことができるのである。

われわれは、ただイエス・キリストによってしか神を知ることができないばかりでなく、またイエス・キリストによってしかわれわれ自身を知ることができない。われわれはイエス・キリストによってしか、生と死を知ることができない。イエス・キリストをよそにしては、われわれは、われわれの生が何であり、われわれの死が何であり、神が何であり、われわれ自身が何であるかを知らない。（B・548）

このように、イエス・キリストは、パスカルのあらゆる思索がそこから発し、そこへと帰ってゆく中心として存在している。パスカルがなぜ人間性の悲惨をあれほど容赦なく描くことができたかといえば、イエスの偉大につらなることによって、それがいやされることを知っていたからである。イエスを通して光を仰ぎみることができることを知っていたからこそ、描写を極端な暗黒にまですすめたのである。その暗黒のきわみにおいて、光がいっそう大きく輝きでることを知っていたから、ほかのだれよりも深く虚無の深淵に降りていくことができたのである。『パンセ』のあらゆる言葉、あらゆる思索は、イエスとの出会いという、この体験に支えられている。まさしく、イエスこそ、パスカル神学の中心であり、頂点であったのである。

イエスの存在は、パスカルの全思索において、なぜそれほど重大な位置を占めることになったのであろうか。それは、イエスとともに生きることによって、あの呪わしい自我の呪縛《じゅばく》から解放され、魂の深い確実性に達することができたからである。では、なぜイエスは彼を救うことができたのか。それは、イエスの存在そのものが全き愛であったからである。イエスは全人類にかわって、その魂の救いのために、あらゆる苦難を一身にひきうけ、耐えしのびたもうた。この絶対の愛が、すべての人を魂の底からゆり動かさずにはおかないのである。パスカルは、キリストをあまりにも人間的な存在に仕立ててしまったと責められるべきであろうか。否、イエス・キリストがたんなる神ではなく、人間の肉においてある、傷つきやすい存在であるからこそ、人は彼と交わり、彼のうちにおいて、その身体の四肢となって生きることができるのである。

最後に、美しい断章485を引用しておきたい。

真の唯一の徳は、それゆえ、自己を憎むことである。なぜなら、自己が憎むべきものであるのは、その邪欲のゆえであるからである。また真の唯一の徳は、真に愛すべき存在を求めて、それを愛することである。しかし、われわれは、われわれの外にあるものを愛することはできないから、われわれのうちにあってしかもわれわれではない一つの存在を愛しなければならない。このことは、すべての人間の一人ひとりについて真実である。しかるに、そのようなものとしては、普遍的存在だけしかない。神の国はわれわれのうちにある。普遍的な善は、われわれのうちにあり、われわれ自身であり、しかもわれわれではない。（B・485）

◇パスカルからデカルトへ

森有正はパスカルを徹底的に研究し終えた後に、パスカルとはいつも対立的に考えられているデカルト思想の研究に集中しはじめる。「デカルトは近代の合理主義的哲学の父であるといわれ、それは、具体的には、彼の明証的直観と必然的演繹とを中核とする方法論においてはっきりと示されている」という言葉でしばしば彼のデカルト研究の論文を書き始める。しかし、もっとデカルト研究が進捗していった段階においては「近代の合理主義ではなく、もっと深い人間実存の、パスカルによって充分にかえりみられなかった方面に徹していることを発見しつつある」ということを語りだすのである。

ここに、森有正はパスカルからデカルトへという方向に視点を転換していくのである。

彼はフランス留学にむかう直前において、『デカルト研究』（東京大学協同組合出版部）をまとめ上げるのであるが、彼の関心はそこにいれられた八篇の論文の一番最後の「デカルト思想の神秘主義的要素――『イミタティオ・クリスティ』をめぐりて」という不思議な題名の論文に集中していたような気がする。

この論文の中で、彼は『省察』五の中で、デカルトが次のように言っていることに注目している。

谷間のない山を考えることができないように、私は、実際上、存在のない神を考えることができないけれども、私が谷のある山を考えるという事だけから、世界には山が存在するということが導き出されないように、同様に、私が神を存在とともに（存在から切り離すことができないものとして）考えても、それだからと言って、神が存在するということは、いかにしても導きだされないように思われる。何となれば、私の思考は、事物に何の必然性をも課するものではないからである。また、翼のある馬などというものは存在しないにも拘わらず、私の心の中だけでは、翼のある馬を想像することができるように、実際にはいかなる神も存在しないのに、その神に存在を帰しているのかもしれないのである。ところが、それは非常な間違いである。この場合、この論駁の外貌のもとには詭弁がひそんでいるのである。何となれば、私が谷のない山を考えることができないということからは、世界には山や谷が存在するということではなく、単に、山と谷は、それらが存在するにもせよ、しないにもせよ、いかにしても、互に分離されえない、ということだけが導き出されるのだからである。それに反して、（他の観念とは異なって）存在を除いては私が神を考ええないということだけからは、存在は神から分離されえない、従って、神は真実に存在する、ということが導き出されるのである。それは私の思考が、事柄がそのようになることを作り出すことができ、事物に何らかの必然性を課する、という意味ではなく、むしろ反対に、事柄すなわち神の存在の必然性が、私の思考を限定して、そのように考えさせるのである。

（「デカルト思想の神秘主義的要素」全集9・400ページ以下）

つまり、ここでは〈意識から存在へ〉というデカルト本来の思考の順序が放棄されている。私の意識の根底にあって、そのあらゆる観念作用を成りたたせている神の存在そのものによって、観念のあり方を限定しているのである。そこでは、これまでの方法は逆転し、〈存在から意識へ〉という方向性において問題が論じられている。ここでは、デカルトの思考はすでに、循環の不可避的な次元へと深く入りこんでいるのである。循環を回避しようとする試みは、認識の論理の同一平面にとどまるかぎり有効であろう。しかし、ここでは、循環の不可避的な存在の真理そのものに触れようとしているのであるから、意識の底を破って、存在の明るみの中に超え出てゆくより仕方がないのである。〈本体論的証明〉ontologischer Beweis（独）（フランス語ではpreuve ontologique）は、数学的認識と同じ仕方で必然的に導きだされる、アプリオリな証明のかたちを借りているけれども、根本的には、意識の枠をやぶって存在の真理の中へと越えでていこうとするデカルトその人の思索の経験そのものに根ざしているのである。この経験にもとづいて〈莫大な力〉immensa potentia（ラテン語）にみちた、無限に充実せる実在の積極的観念が形成され、この生き生きとした観念のうちにおいて、本質と存在が一つであることが直観されたのである。デカルトの形而上学は、この生きた経験が認識の論理の同質的平面の上に投影されることによって成り立つのだとも考えられる。このように見てくると、「第三省察」の末尾が次のような、神への深い神秘的悟入とそこから生ずる魂の喜悦の言葉で結ばれているのも、けっして偶然ではないと思えてくるのである。

> 私はここでしばらく〔まったく完全な〕神そのものの観想にふけり、その〔驚嘆すべき〕もろもろの属性を心静かに考量し、そしてその無辺なる光明の〔比類のない〕美を、これにいわば眩《げん》惑《わく》せられた私の精神の眼の堪えうるかぎり、凝視し、賛嘆し、崇敬するのがふさわしいと思う。なぜなら、ただこの荘厳なる神の観想のうちにのみ別世界の生活の至高の浄福があることをわれわれが信仰によって信じているように、むろんはるかに不完全なものではあってもその同じ想いによって、およそこの世の生活においてわれわれが享受しうる最大のよろこびを享受しうることをわれわれは今においても経験するからである。（ルネ・デカルト『省察』第3章の末尾）

これがたんなる合理主義の哲学者の告白であるとはとても言える内容ではない。現代でいえば、エマニュエル・レヴィナスに匹敵するような信仰のほとばしりであるとしかいえない。

森有正は次のように言う。

> いま、私が、『イミタティオ・クリスティ』《De Imitaione Christi》について述べるのに先立って、一見それと何の関係もないように見える、デカルトの形而上学説の一節を引用した理由は、デカルトを出発点とすると一般に考えられている近代の合理主義的思惟が、いかに中世的スコラ学のみでなく更にキリスト教的神秘主義的生活態度と内面的連関があるかを明らかにし、そこから、近代合理主義の根源的な、また歴史的な性格の本質を明らかにするとともに、逆に、中世的

キリスト教的生活態度の近代的意義を、いささか探ってみたいという意図に出たものに外ならない。(『デカルト研究』279ページ)

森有正の思想の発展をずっと探求してきたわけであるが、ここに見られるようなキリスト教的神秘主義に共鳴する何ものかが彼の思想の中に、少なくともその萌芽として含まれていることを認めざるをえないように思う。

第6章　経験と二項関係

◇　二項関係

厳密に言えば、地上の人間はすべて、一人一人独立している。「私」以外はすべて他人（三人称）である。親子、兄弟、夫婦にしても、この意味では三人称（他人）である。人と人との間に穿《うが》たれた深淵はどうすることもできない。個人は個別性の中に閉じこめられ、そこで、アンゴワッス（苦悩）を感じる。この意味ではいかに親しい人でも他人であり、三人称である。

これに対して「私」と「他人」の間には、「私」と向き合い、「私」と特別な親密の関係になる存在が生まれる。すなわち「汝」である。

「私」（一人称）にとっての「他人」（三人称）は愛の呼びかけ、その他の動機によって時おり「汝」（二人称）になることがある。ここでは「汝」（二人称）が恩寵《おんちょう》的、特権的状態である。（全集12・64ページ）

日本人においては、「経験」は一人の個人をではなく、「複数」を、具体的には二人の人間の構成する人間の関係を定義とすると言った。

経験こそ思想の源泉であり、この「経験」という定義するものこそ、「思想」という、言葉によって組織されたものに対する基底をなすものであったのである。

正確に言うと、子は自分の中に存在の根拠をもつ「我」ではなく、当面「汝」である親の「汝」として自分を経験しているのである。それは子が親に従順であるか、反抗するかに関係はなく、凡ては「我と汝」ではなく、「汝と汝」との関係の中に推移するのである。子は自分の自己に忠実であることによって親に反抗するのだと思うだろう。しかしその反抗は自分とは不可分離的に親密な関係にある存在であることを無意識のうちに前提した上で、親に反抗しているのである。親と成人した子とが「我と汝」という、先天的に分離された関係において反抗するのであれば、本質的に単純な分離と無関心が自分を支配していて、もう二度と家に帰ってこないという決意ができているというところまで確固なものになっていなければならない。おやじはオマエなんかいらないというほどつき放してはいない。親子の絆《きずな》がそう簡単に切れるはずがないという甘えの気持ちがあるから、本気でないのにキツイ言葉を言っているにすぎないのである。

（原文が難解であるので、そのままの引用ではなく、わかりやすくしてある。以下も同じである。）

一足とびにいってしまえば、こういう事態が、近代日本における「家からの解放」、「自我」の

確立、「革命」の不在の深い理由となっているのではなかろうか。（全集12・64ページ）

二人の人の間の関係ということを言ったが、それを便宜上「二項結合方式」(Combinaison Binaire) あるいは略して「二項関係」と呼ぶことにする。これは固有な意味においては、二人の間が内密な関係を経験において構成し、その関係そのものが二人の人間のひとりひとりを基礎づけるという結合の仕方なのである。（同ページ）

現代の我々日本人がおかれた情況は、この一見不可能とみえるところにあえて踏み入ることを我々に要求している。現代の日本の社会と文化とがいかに病んでいるかは少し真剣に生き、また実践しようとする人々が少くとも一様に感じとっていることである。その事態の重大さは現前していることである。（全集12・67ページ）。

森有正が「二項結合方式」と呼んだところのものは、しらずしらず現在の日本人が身につけているところのものである。

この感じは、もちろんはっきりした知識ではない。外部から日本へ入ってきたものによる観察と証言とがある。それらにはもちろん誤りがあるかもしれない。外人の日本観は十分慎重に扱わなければならない。しかし、それらがある点で符合《ふごう》するとしたら、それは充分考慮の余地があるといえるだろう。

二項方式は少くとも二つの特徴をもっている。一はその関係の親密性であり、二はその関係の方向の垂直性《すいちょく》である。

一について述べる。日本語の表現に「心の底をうちあける」、「腹を割って話をする」、「信を人の腹中に置く」などというのがある。「心の底」とか「はら」と言う言葉は、この親密性の内容をよく示している。

和辻哲郎氏は、日本において、もっとも著しい私的存在の形は、「間柄的存在」であると言い、それはただ一人の相手以外の凡ゆる他の人の参与を拒む存在である、と言う。

一人になるという「経験」を日本人は殆んどもつことがない。和辻氏は、それが不可能であるという。（『和辻全集』（岩波書店）第10巻・335ページ）

いずれにしても「二項関係」に入った自他は、互いに相手に対して秘密のない関係を構成する。そしてそれは和辻氏の言うように、あらゆる他人の参与を排除し、ただ一人だけが「汝」として入って来る。そしてこの二人のあいだでは、互いにその「わたくし」をお互に相手にわたしてしまって、それを消去してしまうが、そういう関係自体は、同時に、外部に向っては、私的存在の性格をもつという。この和辻氏の分析は正しいといわざるをえない。二人が——秘密を共有するのである。二人に共通な秘密な何ものかではなく、二人の関係そのものが秘密なのである。不動産に対して共同所有権が設定されるのとは、それは全く異なる共同所有者同士がその存在の中核において融合するのである。

二者のあいだには秘密はなく、凡てを許し合い、また要求し合う。だからそれは「真心」とか「腹の底」とか、とにかく全存在の呈示を意味する言葉で指示される。

こういう二項方式は二人が相互に滲透しつつも、一つの共同のものを作り出すのではない、という点に注意しなくてはならない。二人のあいだに共同なものは何もない、二人があるだけである。すなわち、二項方式においては、関係は直接的、無媒介的でなければならない。というのは、共同の所有物は必然的に三人称であって、「汝」にとっては異物であり、三人称に対応しうるのは、汝ではなく、第一人称だけだからである。

二項関係は、人間が孤独な自我になることを妨げると共に、孤独に伴う苦悩と不安を和らげる作用を果たすのである。また二人の人間が融合することによって、責任の所在が不明確になるのである。これは孤独の苦悩を和らげることと同じである。もちろん苦痛を避け、安全を求めようとすることは、それ自体、自然である。その限り、そういうものを内容とする二項関係は自然的であるといえる。

ここで、子供の躾《しつけ》の問題をとり上げてみよう。

子供の躾《しつけ》の欠如が問題になってから久しく、現在では問題の存在そのものすらが忘れられかけている。親は躾がなくなりだしてから成人しており、何を規準にして子供を躾けてよいか判らなくなっている。子供に対する唯一の合理的態度は子供を理解することだと思っている。しかし何に向かって、また何との関連において子供を理解するかという視野が完全に欠如している。子供は未完成なもの、未形成なもの、端的に言って「悪いもの」である。子供は可愛らしいなどと言っているが、仔犬でも仔猫でもその意味では可愛らしいではないか。それが少しでも優しい言葉でも言おうものなら、もうたまらないのであろう。子供の前に魅了されてしまっているのである。勿論それは自然の情として結構なことである。ただ問題はそれが親子のあいだだけに止まらず、社会的な面にもち出され、称賛すべきこととしてもてはやされることである。他人が親子の情を理解し、それに感動する。全く余計なことではないか。こういうことは、ヨーロッパの社会では努めて避けられる。そして躾《しつけ》の本態は、こういう内密の感情を他人の前にもちださないことであり、殊に子供に対してそれが要求される。

こういうことは、親子の直接関係の中でのみ存在し、それ以外の場所では「わがまま」であり「甘え」であり、「嗜《たしな》みの欠如」であると見なされる。

今日の我が国のように、栄養がよくて、服装がきちんとしていて、マナーをよく心得ながら、そういう根本の点で盲目であり、阿呆同然《あほうどうぜん》の親子が横行する社会は、まことに見苦しいものである。それは稚い子供から学生にまで及ぶ非常に重大な問題であって、正直なところ私は殆んど絶望的である。（森先生の主張の要約。以下も同様。全集12・70〜73ページ）

ここには、重大な事が語られているのである。普通、民主主義国における自由というのは無制限な自由、自由放任の自由ではない。実は、制限つきの自由、すなわち、責任をともなう自由であるということである。夫婦であろうと、親子であろうとも、無責任な放縦《ほうじゅう》の自由ではない。相手に知られさえしなければいくら浮気してもいい、まわりに迷惑をかけさえしなければ、子供を勝手気ままに、野放しにしてもいいというのは無責任の自由であって、責任ある人間のあいだの自由はおのずから制約があるのである。

さて、我々の経験の中にある二項関係の第二の特徴は、この関係が決して対等者間の水平な関係ではなく、上下的な垂直な関係であるという点である。すなわち二項関係は、その直接性、無私、他者の排除、その私的性格だけにつきるものではない。この関係は決して対等者間の水平な関係につきるものではない。この関係は水平ではなく、上下に傾斜している。極端な場合をとれば、それは垂直の方向をもっている。親子、君臣、上役と下級職、雇傭《こよう》人と使用人、先生と生徒、教授と学生等々。そういう上下関係をもち、その中に二項関係が成立する。しかも、この上下関係は、単に年長者と若者、強者と弱者、征服者と被征服者、という自然の秩序を反映するのではなく、一定の既成の社会秩序を内容とするものである。そういう枠《わく》の中の関係なのである。直接的、私的な関係はこういう既成の秩序をめぐって結ばれるのである。そういう枠の中の関係なのである。二人の人間のあいだの対等な二項関係はむろん考えることはできるが、こういう一般的上下関係の中では、それは一つの抽象とは言えなくても、例外的なものであり、しかもその内実に立ち入ってみると、そこから何らかの上下関係が成立しているのが普通である。それは後に述べるように、敬語法に関係してくると考えている。もちろん現実との関連において、完全に論理的に組織されている言語は存在しないのであるから、これは相対的なことであるかも知れないが、日本語では、その非文法的である度合が甚だしいのである。事実、日本語に関しては、英語やフランス語におけるように、その実用的規範文法が存在していないのではないか。

人は平等教育用の文法の教科書が存在することをもって反対の論拠としようとするかもしれないが、それは日本語の機能を帰納的に整理したものであっても、そこから逆に日本文を再構成することは全く不可能である。私は、外国における日本語教育に関して、日本人の役割は作文と会話（発音を含む）につきると考えているので、二十年近くも、こういう意味の作文を教えてきた。その場合、文法の規則は全く役に立たず、すでに書かれている日本文の真似をすることだけが多少とも役に立つ方法であることを確認した。理窟《りくつ》としては、役に立つ文法の規則を作ることは不可能ではないであろう。しかしその場合、すみずみまで行きわたっている日本語において、中立的言表がむしろ例外的であるのとよい対照をなしている。

日本で昔からいわれている義理人情や報恩思想が反動の温床《おんしょう》のようにいわれているが、それだけでは何の意味ももたない。

このような分析の過程をへて最後に到達するのが二項関係である。二人の個人の間に成立するところのものが上下的かつ直接的な「二項関係」であることは、日本人がもつ、特別の個が作用する強い（被）吸引力を説明するものである。日本人全体のもつ関係は、この二項関係の無数の集合によって分節されている（全集12・74〜78ページ）。

◇日本語論

私(森有正)にとって、一番大きい困難な問題は、日本語は、文法的言語、すなわちそれ自体の中に自己を組織する原理をもっている言語ではない、という事実にある。文法の規則は全く役に立たず、すでに書かれている日本文の真似をすることだけが、多少とも役に立つ方法であることを確認した。その場合は、規則は極端に煩瑣《はんさ》となり、もうそれは規則というものではなくなり、実際の文例を真似することとそれほど違わなくなってしまうのである。事実、外人でもかなりの程度に日本文を書ける人はいるけれども、そういう人は必ず、非常に多くの読書をしているのである(同74ページ)。

簡単な例でいえば、"Le cheval court"という仏文を日本語にする場合、「馬は走る」といえば、文法的には正しいけれども日本語としてはどうも変である。それが「牛はゆっくり歩むが、馬は走る」と言えば少しもおかしくない。殊に助詞の「は」はニュアンスが非常に微妙であって、その微妙さに対応する何かを加えなければ、どうしても安定しない。「馬が走っていく」といえば、それは明らかに"Un cheval court"の訳であり、現実とのつながりがはっきりしてくる。

そこで、日本語に規則をたて、変でない日本語を書こうとすると、規則は現実と同じように複雑になり、規則は規則としての特性を失ってしまう恐れがあるのである。助詞は、その数は限定されてはいるが、あるいは独立して、あるいは互いに組みあわされて殆んど無限に複雑な現実のニューアンスを映す作用をもつ。その「無限の可能性」は現実のそれであって、助詞に内在するものではない。それは英仏語などにおける前置詞などのように言葉と現実とを結びつける紐帯《ちゅうたい》のようなものである。それは、この紐帯によって、現実と言葉が関係をもつということではない。現実と言葉とは始めから関係していて、それを殊更に言うのは無意味なのである（同78～83ページ）。

例えば、代名詞、あるいは指示詞である。いわゆるコーソーアードの体系である。「これ」は話し手の近くにあるものを直接に指しているので、文中に含意された名詞に代るものではない。「これは本だ」という場合「これ」は現にそこにある本そのもののことである。その本がはっきりしていれば、「これは」を省いても一向にさしつかえない。だから、現実が言葉の中に嵌入《かんにゅう》していると言ってもよいし、あるいは言葉が現実の中に陥入していると言ってもよい。ただ、ここで一つだけ言えることとは、この「現実嵌入」は言葉に対する現実との照合による批判を非常に弱めている。こういう「現実嵌入《かんにゅう》」は、感覚の理性への嵌入と一般的に言いかえてもよい。著しい例は固有名詞についてみられる。ある文中に例えば、「田中さん」という固有詞が現れると、その田中さんが何回でも繰り返され、「彼は」となることは普通はない。（この辺になると、今の時代に生きている僕は一寸ついていけなくなりそう。今という時代にはヨーロッパ的言語習慣が侵入してきたのか、田中さんがくりかえされることには耐えられず、すぐ「彼は」と言いたくなるのである。）更に立ち入って考えてみると、話者とその相手とが一つの共通の了解圏を構成し、話者と田中さんという相手との間に二項関係が成立しているからである。

もちろんこの論議に多くの異論が提起されるであろうことは予想していないわけではない。例えば、「これは」に当る英語の this あるいは it、フランス語の ce《ス》 あるいは ceci《スシ》は、その場合の「これは」（日本語）と同じような性格を含意していると考えることができる。しかし、少なくとも語感からして「現実嵌入」はありえない。フランス語におけるそのような指示代名詞は、すでに限定されている他の語を含意していると考えられる。少なくとも、現実をそこに導入するものと考えにくい。のみならず、それが先行の文章によって限定されている場合が事実多いのである（同83〜85ページ）。

これについては僕（著者）の側からの反論がある。一般大衆の会話においては、日本人だけではなく、フランス人の場合でも、知らず知らず「現実嵌入《かんにゅう》」を行っている実例をいくらでもあげることができる。

ぼくが一年間のフランス留学の期間におこったことであるが、パリのラスパイユ通りのアパルトマンにガスもれがおきた時のことである。修繕工事人に対して、"ça va mal comme ça"（ほらこんなにおかしいでしょ）と僕が言った時、工事が終ってから、"ça va bien comme ça, maintenant pas problème"（もう大丈夫ですよ、ほらこんな工合に。今はもう問題ありませんよ）と言った。（正式には、"Il n'y a pas de problème"であるが、日常会話ではいくらでも省略形が使われる）。この場合、「こんな工合に」という言葉は、命題的必然性においてとりだされた言葉ではない。ごく自然に〈現実嵌入〉が行なわれているのである。哲学的命題においては、〈現実嵌入〉はいささかでも行なわれてはならない。しかし、日常の生活場面においては洋の東西を問わず、〈現実嵌入〉が行なわれているのは事実なのである。

もっとひどい例を出してみようか。日本人の夫婦の会話の一例である。


「あなた今夜何を食べましょうか?」

「外で食べるなら、俺はウナギだ」

「いやよ、私はテンプラよ」

「じゃ、ジャンケンで決めよう」

「ほら私の勝ち」

「じゃ、俺もテンプラだ」


文法的にいえば、これは論外としかいいようがない。「俺はウナギだ」というのは、主語・述語という順序に配列して表現すれば、「私はウナギである」という非合理的言語になってしまう。フランス語でも同じような事態はしばしばおこる。

Madame: Moi, poisson, d' accord?（私は魚よ、いい?）
Monsieur: Non, pour moi, bifteck（いやだよ、俺はビフテキだ）

だから、どこの国にかかわらず、日常会話が非論理性をもつことを排除することは到底、無理なのである。といっても森先生のいわれるように、命題論理において、〈現実嵌入〉が認められるべきではないことには全面的に賛意を表するものであることにかわりはない。

◇ 敬語問題

私はこの日本語のコーソーアードの体系を外国人の学生に判らせるのに大変苦労したが、しかしそれに劣らず苦労したのは敬語の問題である。日本語の敬語法が複雑きわまりないことは周知の事実である。しかも、日本人である以上、原則として敬語法を決して間違えるべきではないことも事実である。これまた「現実嵌入」の顕著な例だということである。

私は、近く刊行する予定である仏文の『日本語教科書』（Leçon de japonais）の中で次のように敬語法について述べた。

日本語において、敬語は、特に重要な、特権的でさえある位置を占めている。正にこの特殊な相の下に、日本人の現実の社会生活とその言語空間とが内密に触れ合うのである。その情動的《エモーティフ》であることにおいて本質的に日本的である社会構造は、直接に敬語の中に流入し（あるいは敬語において日本語の中に嵌入し、と言っても同じである）、それによってこの共同体の人間関係を言葉の中に忠実に再現しているのである。

敬語は、従って、日本語の一部分ではない。それは日本語のもっとも内奥の機構に根ざしているのである。敬語の積極的、消極的な様々な度合は、緊密に階層化《イエルラルシゼ》された共同体にすっぽり浸っており、この言葉の表現に具体的生命を与え、それの運用を決定しているのである。こういう條件の下において、(敬語に対して)中性的な言表は、この言葉にとっては、むしろ例外なのである。

日本の敬語法を無視して話すことなどは、例えば皇室の世界にはいったことのある人ならばだれでも知っているように、それは全く不可能なことなのである。敬語法が日本語全体のノーマルな性格であり、敬語法を離れた言い方はむしろ例外的なのである。(同84～85ページ)

皇室のパーティに参加する一般人がいちばん神経を使うのは、この「敬語の使い方」である。だがそれは、一般大衆がこれに習熟していないからこそ大変むつかしいことになるのである。初等教育ではほとんど敬語法が無視されている。ふだん、ザックバランな話し方をすれば、突然敬語がでてきてしまうと、生徒たちが爆笑するキッカケになり大騒《おおさわ》ぎになる。大学の講義でも下手な敬語の使い方をすると蔑視《べっし》の対象になりかねない。森先生はもともと旧貴族の出身であるから、岩倉の娘である祖母から口やかましく敬語の使い方を幼少時代にたたきこまれたのであろう。

語りかけている汝が高貴な人である時とそうでない時とで、日本人がおなじことをいう場合にはどうなるか。一つ例をあげてみよう。

「ここには李朝時代に造られた壺がございます。いろいろ李朝の白磁の陶器といわれるものがたくさん世にでまわっておりますが、これはまさしく本物でございます。どうぞ手にとってごらん下さいませ。」

「いやー、これは良い物みたいでございますね。高価なもんでございましょうね。」

「いいえ、値段ではございません。本物か偽物かの判別さえしっかりできておれば、贋《にせ》（偽）物《もの》をつかまされる心配はありません。」


ところが、相手が幼児である場合には、「ここにあるのはお父さんにとって大切な壺なんだからね、絶対にさわっちゃいけないよ」という現実が嵌入《かんにゅう》されてくる。また、日本語で会話する場合には「それはネックレスですね」、「アラ、ネックレスじゃないわよ、ブレスレットよ」というように、性別もはいってくる。しかしこれは特別に上品にオスマシをしているときの言葉で、若い女の子たちのあいだには仲間うちにだけに通用する隠語が出来ていて、例えばこれから出る予定であった教室に向っている教授とエレベーターの中で会えば、お得意の隠語をつかって、「この先生少し頭がハゲてきたわねえ、一生懸命カツラでごまかしているけど、私たちはみんなお見透しなのに、ご本人だけはだましおおせたと思っている。情《なさ》けない男よねえ」というのを隠語でしゃべり、みんなで笑いころげている。「こいつらにまじめに講義するなんてイヤだな、今期かぎりでやめてしまおう」と心に決めているから、学生たちの罵倒《ばとう》には動じない。フランスでも若い人たちは早口言葉の隠語でしゃべりまくっている。ニューヨークでもドイツでもスウェーデンでも同じ現象が観測されるようになってきた。〈以上

は筆者の意見である。〉

◇「人称」の問題

次に「人称」の問題にはいるが、これはさきほどの「命題」の問題と共に決定的に重要である。日本語においては、一応、三人称を文法的主格にしている文章でも、「汝―汝」の構造の中に包みこまれて陳述される。ヨーロッパ語の場合、会話の場合でも、その二人称はいつでも一人称―三人称に変貌することが出来る、解放的会話語なのである。そしてそれが、言葉だけの抽象的な関係ではなく、それと一体になっている人間関係、実在する個人である主体と、それを超越する三人称の集合である社会たる客体とに分極する人間関係と離すことの出来ない関係に立っている。

話は少し余談になるが、森先生はこんな話をされている。

私自身の経験に関することなので少し憚《はばか》られるが、私は滞仏二十年を経過した今日、次のような質問をうけることがある。「あなたは長く向うにおられて、生活も考えもすっかり向うの人のようになり、日本の生活や日本人の考え方に調和しにくくなっていると考えることはありませんか」、と。まあざっとこんな趣旨の質問である。ヨーロッパの生活や思想が日本人に本当に判《わか》ることは極度に困難であり、私は究極的には不可能ではないかと思っているが、しかし私なりに理解しえたと思えたことが増してくるにつれて、日本人という私自身である者を痛ましい思いで強烈に意識するようになる。「痛ましい」というのは必ずしも貶下《へんげ》的意味（見くだしているというような意味）においてではない。そして、いわゆる「判る」、「理解する」ということが、それだけですぐ「真似《まね》をする」ことに連なることはない。「判らないこと」を真似《まね》するのは猿真似だが、判って真似するのは人真似である。いずれも悪い意味の真似である。一般的な次元においていえば、まず主語というものがあり、それが繋辞によって関係づけられて結合されている。その各項は、完全に表明された概念あるいは表象で、その関係を肯定したり、否定したりする。その作用にも色々の様態がある。しかし、いずれにしても、この命題の形をとることは、主語が三人称として客体化され、それに対して主体が判断を下すということになる。判断には肯定、否定、条件などがあるが、それらの可能性の間から主体は選ぶことができる。こうしてあるもの、あるいは事柄に関して命題がたてられる。あるいは観念が確保され、その観念相互の間の論理的な関係も次第に明らかにされて、一つの思想が形成されて来る。

ただその際、必要なことは、そういう操作は、凡《すべ》て言葉が命題を構成することによって行なわれるのであるが、その言葉は、それ自体の中に意味を荷《にな》う概念があって、その言葉の中に「現実嵌入《かんにゅう》」が絶対に起ってはならないのである。それが起ると精神はその自由な操作を行うことが出来なくなり、現実との「情動」に左右されて、精神であることを止めてしまうのである。「精神といっても、何もそういう実体が存在するというわけではなく、そういう概念の操作を行なう主体をそう名づけるのである。」そしてこの命題性はヨーロッパ語文法の基本的性格をなしている。「現実嵌入」が言語の一部となっている日本語、更にそれと一体になっている経験が、こういう次第であるのは、思想というものに対して殆んど致命的であるように思える。と言うのは、「思想」というものは抽象的、論理的次元において成立するものであるからである。すなわち現実嵌入を徹底的に排除することによってのみ思想の論理的表現が可能となる。

◇会話における現実嵌入に例外的事例があること

ここに語られているような命題（学術雑誌におけるすべての命題）はこういう性格をもっていることに対し、ぼくが異存を唱える必要は全くない。ヨーロッパ語文法にのっとって書かれた哲学的命題において日本人の日常会話においてしばしば認められる〈現実嵌入〉が絶対におこってはならないことは至極当然のこととして、森先生のお考えに全く同意するものであることをここに認める。しかし、日常会話というものは自由自在に展開されていくもので、日本人のそれにとどまらず、フランス人やアメリカ人の男女の会話において〈現実嵌入〉という、いわば超文法的な行為が行われているという事実を認めないわけにはいかない。

たしかに、森先生のおっしゃるとおりに、本来、命題的論理によって構成されるべき文章においてさえ、日本人はしばしば〈現実嵌入〉という間違いを犯しがちであるという主張は正当なこととして僕も認める。しかし、外国での長期滞在を終って日本に帰ってくる研究者の数はどんどんふえてきている。彼らにおいては、論文において、〈現実嵌入〉という間違いを犯す可能性はだんだん少なくなっているのではなかろうか、海外において、日本文学の最近の動向について流暢《りゅうちょう》な英語あるいはフランス語で発表する若手の研究者の数はどんどんふえている。そろそろ、日本人であることの劣等感を感じなくてすむ時代がやってきたと考えてもさしつかえないのではなかろうか。

森先生の最後の著作である『経験と思想』というのは未完成な作品であった。それだけに文章がところどころ乱雑になっていて、これをだれにもわかりやすい文章にして、整理し、明解にするという仕事が筆者にとって非常に困難にならざるをえなかった。

辻邦生氏がいうように、「森有正氏は文法的にも語彙《ごい》的にも豊富な用例を示すことによって、特異な日本語論を展開する。二項関係の連鎖・集合が日本語の敬語法に反映するという指摘は単に言語心理学の領域をこえて、言語哲学の原理的な提示と言うべきものになっている。」（辻邦生『森有正―感覚のめざすもの』筑摩書房、127ページ）

辻さんの言われるような「言語哲学の提示」というところまで辿りつくためには、もっと全面的に改稿し、整然とした体系にいたるところまで、この理論を完成する作業が行なわれなければならなかったはずである。いずれにせよ、森先生の日本語論が未完結のまま岩波書店から出版されたことは、かえすがえす残念であった。そう思う点では、辻邦生氏とも感慨を一つにするものであることを申しそえておきたい。

第7章　日本人とその経験

◇「川の流れと仕事」

日本人の「経験」の特殊な姿は、それ自体において、一つの批判的な意味をもっていなければならない。換言すれば、明らかにされてくる「現実」あるいは「経験」は、より真実な現実把握への批判的傾倒をもっていなければならない。それが「経験」の真の意味であり、「経験」を「体験」から截然と区別するものである。というのは、こういう意味の探求がそれ自体「経験」の一部であり、「経験」そのものの運動だからである。そういう意味で、前に述べた日本の社会における人間関係の「二項方式」を中心とした在り方と日本語における「現実嵌入《かんにゅう》」とは実は同じ事を言っているのであって、それは日本語の非完結的、非命題的性格を意味している。

かかるものをそれ自体において理解し、是認し、肯定するか、それを批判的に超えて行くかということは、そう簡単に決定できることではない。

換言すれば、それが「体験」へと頽落して行くか、あるいは「経験」へと透明化しつつ上昇していくかは、人間の実存的な事件であり、意志の問題である。

主観的に言えば、その「経験」が「思想」に純化されていく過程を凝視すること、客観的に言えば、我々すべてが、すなわち、人間のひとりひとりが、自分の思想をもつに到る過程を触発するとともに、逆にそういうことを目的とするのである。我々はいかなる場合にも「人間でなければいけない」。

しかし、われわれをかこむ現実の情況、それは単に、敗戦国民としての困難きわまる情況、占領、朝鮮戦争、ヴェトナム戦争、安保条約、沖縄問題、それらを契機とする日本経済の異常な進展とそれが惹きおこしつつある諸問題、実質的な再軍備、基地問題、学生問題、工業化の野放図な発展と公害問題、更に対中国問題、それらをめぐる国際的孤立化の傾向の深刻化、そういう情況だけでなく、明治開国以来の日本が背負い続けてきた欧米文明摂取と日本文化の主体性確立の問題、それが解決の端緒もつかぬうちに敗戦とともに怒濤《どとう》の如く浸入してきた現代的ニューアンスをもつ世紀末的時代をむかえた欧米文化と、それに表裏をなす民主主義的な諸々のイデオロギー、あるいは文明否定的な諸傾向、それも「自然に帰れ」といった単純なものではない。

現代文明のあらゆる利点を享受しておきながら、しかも言葉の上では文明否定の立場を積極的に主張するとなると、それはナンセンスであるといわざるをえないだろう。

森先生がお亡くなりになってから世界の情勢はどんどん変わっていった。少しだけ、ここに補っておこう。

平成元年（一九八九年）十一月九日、ベルリンの壁の取壊しが始まる。平成三年（一九九一年）一月十七日、湾岸戦争勃発。同十二月二十六日、共産主義国家ソ連は消滅。ゴルバチョフによるペレストロイカのスローガンが実施されていった結果であった。平成九年(一九九七年)アルベルト・フジモリの力によってペルー人質事件が解決、平成一三年(二〇〇一年)九月十一日、過激派に占領されたアメリカの航空機二機がニューヨークのシンボルであった国際貿易センターという超高層ビルに激突し、たくさんの死傷者を出した。これがきっかけとなって、テロリストをつかまえるという名目で、イラク戦争が勃発した。日本の自衛隊が初めてこれに参加したが、憲法第九条に違反することはできないという理由で、医療活動や橋をかけ、道路を修復するなどの平和的活動のみに終始したために国際的に高く評価された。

私どもをとり巻き押し流す諸問題は、私どもを嵐の中の難破船のように弄《もてあそ》び、私どもはそれに対して全く無力である。我々は率直《そっちょく》にそれを認めねばならない。そしてこのことは非常に大切であると思う。我々は「思想」を語り、「経験」を語り、「哲学」を論議する。しかし、それはあくまで我々一個の中に成立の根拠をもち、それを離れては、経験も思想も、哲学も一切存在しない。しかし我々を押し流す問題は、凡て集団、社会、国際関係など、その本質と規模において個人とその能力を超える領域にかんするものであり、個人がいかなる思想を抱いていようと、直接それらに働きかけ、有効に作用することはできない。アランの言う「川の流れと仕事」こそ、我々の問題をはらむ真の姿であるのだ(傍点引用者)。

◇ 森有正の経験の哲学

森有正の哲学は、きわめて独自な経験の哲学であった。人間はだれもが「経験」を離れては存在しえない。だが、ある人にとっては、その経験の中にある一部分が特に貴重なものとして固定し、その後のその人のすべての行動を支配するようになる。すなわち、経験の中にあるものが過去的なものになったままで現在に働きかけてくる。それが体験だ。それに対して経験の内容が、たえず新しいものによってこわされて、成立し直していくのが本物の経験である。

本当の経験というものは、本質的に提示ができないものであって、それにある「名」をつけることができるだけである。だから、それを定義し、表現しなければならないのである。たとえば、デカルトを懐疑へと導きコギトへともたらした根本的経験というものは、体験的な言葉では表現することができない。それは内からの促し、あるいは神の召命（ŭocation）というような象徴的なかたちであらわれてくる。それを自己の体験で理解し得るものにしてしまえば、何一つデカルトを理解したことにはならないのである。

「デカルト的近代」というのは、大多数の知識人にとっては観念的にしか理解されないものであった。

そういう自分は外国人という鏡を通して知るほかはないのである。これは外国人の意見を聞い

て自分のことを知る、という依他的なことでは絶対にない。（全集3・42ページ）

森先生は自分の経験が成熟するにいたるまで一歩もこの地を離れまいと決意していた。そんな決意を日本人の常識が理解してくれるはずがない。

南原繁先生（東大総長）がオルレアン門にあるカフェに突然現れた。「実はオランダで国際会議があってヨーロッパにやって来た。パリに来る用件は何もないが君に会いにきた。今日は何も言わないが、明日の朝十時、都合がついたらホテルに来て下さい」といわれた。もう六十をすぎた先生が空港からここまであのパリの中を一人で自分に会いに来られたことに僕は驚いた。先生は平生《ふだん》と少しも変らずにこにこしておられた。翌朝、指定の時間にロワイヤル・モンソー・ホテルにうかがった。二人の間の話の要点をいうと、今暫くフランスに残って勉強したいという私の願いと、日本へ帰って東大に復帰して働いてもらいたいという先生の考えとがどうしても折り合いがつかなかった。

「君だけが一人で人生を生きているのではありません。他の人々がいることを忘れてはいけない。君が日本へ戻ることは、カントがいう定言命法に当る」ということをあらゆる観点から説かれた。私には返す言葉がなかった。「ただ私はすでに辞意をききとどけられた人間であり、その手続きはすんでおります」と言ったが、先生は言下に「それは事務上の問題であり、どうでもなることだ」と言いかえされた。

一、二日して先生は東京へ発たれた。先生は「君一人に送ってもらう」と仰言って、一人お送りする私に手を振って柵《さく》の中に入られた。

先生に対する尊敬と感謝とは私が墓に入る日まで続くであろう。最後に私は、虎の門病院で先生にお目にかかった。すべての人の許にやってくる死が、足音をたてて近付いていた。私もそれを感じ、私を「人格」として扱って下さった稀《まれ》な一人であられる先生を病床にのこして表に出た。外は冷たい風が吹く一月のはじめであった。（一九七四・九・三〇）

ぼくはこの文章を読みながら、二人の古武士の対決を眺めてみるようなスガスガシサを感じた。人格に対する無私の愛こそがここにはある。この文章はぼくにとって感動的であった。それにくらべて、以下に述べる情景は人間のいやしさ、あさましさだけをむきだしている。

あるとき、フランス文学科の主任である辰野先生が「僕が自慢できる弟子が三人いる。小林秀雄と渡辺一夫と森有正という三人だ」と言われた。「最初の二人まではわかる。だけど森有正だけは未知で未完成な人間にすぎないではないか」などとその場にいたものたちはいいかわしていた。森有正にひとかけらの人格も認めようとしない人たちであると思う。森先生は毎日フランス語の日記をつけていて、その文章力はフランス人の教師からみても明晰《めいせき》に理解される見事なものであったらしい。そういうことがフランス語の教育者という任務をおびた東大の教師たちからみれば、憤懣《ふんまん》と嫉妬の対象になるわけである。辰野先生の発言も少し軽率であったように思える。仏文の教師が三人集まれば、森先生の悪口で盛り上がるという状態だったらしい。

森先生は日記の中に次のように書いている。

> 僕が拠り処とし、その考えを自分にとって貴重なものとみなす友人たち。丸山真男、木下順二、野間宏、垣花秀武、辻邦生、小田実、竹内芳郎、鈴木道彦、平井啓之、菅野昭正、清水徹、渡辺守章、伊藤勝彦、成瀬治、中沢宣夫（牧師）、今道友信、二宮正之等々。（全集13・451ページ）

> こうしてみると、僕の創造活動は共同研究の結果ということになる。このようによい友達を大勢持っていることを、僕は仕合せに思う。僕は彼らの仕事に細大洩さぬ注意を払わなければならない。彼らとの交流を（書いたものであれ、口で話したことであれ）この日記に忠実に記録しなければならない。（同右）

これはおそらく、その時、思いついた友人をたまたま書き出しただけで、その他にも、彼にとって重要な友人は何人もいるはずだ。前田陽一（パスカル研究）、関根正雄（旧約学）、吉田秀和（音楽評論）その他数人の友人をあげることができる。

女性の友人としては、田中希代子（ピアニスト）と朝吹登水子（ボーヴォワール研究家）の二人をあげることができよう。森有正はこの二人に対し、つねに深い親愛感と尊敬心をもっていたように思う。ただし、自分の仕事において、かの女たちを共同研究者とみなすことはなかったであろう。

しかし、これだけたくさんの友達がいれば、異国においてそれほど孤独であったとはいえないのではあるまいか。たとえば、辻邦生、木下順二、成瀬治、二宮正之などをしばしば自宅にまねき、あるいはレストランで一緒に食事を楽しんでいる。晩年は、女性の友人とランチやディナーをしばしば楽しむことが多くなっていた。

森先生の健啖《けんたん》ぶりには驚かされることが多いが、先生からこういう面白い話を聞いた。先生は人気者だったので、友人たちの奥さんから好かれ、よく晩餐に呼ばれることがあった。「久し振りに日本に帰っていらっしゃったのだから、日本食がようございますでしょ。先生は何かおめしあがりになりたいものがありますか」と聞かれて、「そうですね、芋の煮っころがしが食べたいですね」とおっしゃったものだから、その話はたちまち主嫁から主婦へと伝わってしまって、「どこの家庭にいってもかならず、山ほどの里芋《さといも》の煮っころがしが出るのには閉口しました」という話であった。北大時代、ぼくの妻（雛子）がその話を聞いて、まず、ワインを出し、ステーキに野菜やオニオン・スープをそえて出し、最後に洋菓子をつけてコーヒーをさし上げたら、大変ごきげんで、「やっぱり、僕にはこういうのがいいですね」とおっしゃった。

先生の物忘れが多いのも有名だが、ある日、三軒の家から夕食に招待され、訪問する約束をしていることに突然気がついて今更お断わりもできないということで、それぞれの家に電話して、時間を少しずつ、ずらしてもらうことに成功された。最初の家では、五時からということにしていただいて、たくさんのご馳走が出、いもの煮っころがしもたっぷりあったが全部平らげ、「まことにご馳走になりました。これからもう一つ用事がありますので、申し訳ありませんが失礼申し上げます」といって出て、次の家には七時に行き、そこでもたくさんのご馳走が出たが全部平らげて退出し、第三の家には九時に行き、やはり全部平らげ、「こんなにすごいご馳走をいただいたのは初めてのことでありま す」という感謝の言葉とともに辞され、さすがにいくらか苦しかったと仰有《おっしゃ》ったのがいかにもおかしかった。

しかし、これればかりは森さんでなければ出来ない芸当だといって笑いころげてばかりいるわけにはいかない。というのは、先生は毎日のようにオルガンを練習しつづけて、体力を消耗し、(それには毎日マラソンを走るぐらいの大きなエネルギーが消失される)。その揚句《あげく》、空腹感に襲われて大食をするという悪循環が続くことが原因となって、一九七〇年八月に札幌医科大学において内科の主任教授によって発見された「頸動脈閉塞症《けいどうみゃくへいそくしょう》」が再発するという恐るべき結果となって現れることになったのである。

◇『砂漠に水湧《わ》きて』の構想

僕は、森有正の最重要な作品は、『バビロンの流れのほとりにて』に始まる一連の思索的作品であると考えている。「バビロンの流れのほとりにて」は先生の好きなバッハのコラールの曲の題名でもあり、この言葉は、先生の主たる研究対象であったパスカルの『パンセ』の中にも出てくる。

バビロンの川は流れ、くだり、まきこむ。

ああ聖なるシオンの都よ、そこでは、すべてのものがとどまり、何ものもくずれることはない！

われわれは川の上にすわらなければならない。下でも、中でもなく、上に。また立っていないで、すわらなければならない。すわるのは、謙虚であるため、上にいるのは、安全であるために。だが、エルサレムの城門では立ち上がるであろう。

「その快楽がとどまるか流れるかを見よ。もしすぎさるならば、それはバビロンの川である。」

（パスカル「パンセ」、第四五九章。由木康訳、中央公論『世界の名著』24）


バビロンの流れのほとりで、わたしたちは苦しみのうちにすわっていた。シオンを想うとき、苦い涙が流れおちるのだった。悲嘆にくれて、わたしたちはその地にあった柳の枝にわたしたちの琴をかけた。そして、わたくしたちは、日毎日毎に、主人たちの加える多くの侮辱、凌辱に耐えなければならなかった。

（「バビロンの流れのほとりにて」のコーラル歌詞）


そして、最も重要なのは『旧約聖書』の「詩篇」百三十七である。

われら
バビロンの河のほとりにてすわり、

シオンをおもひいでて涙をながしぬ。
われらそのあたりの柳にわが琴をかけたり。
そはわれらを虜《とりこ》にせしもの、
われらに歌をもとめたり。
われらをくるしむる者、われらにおのれを歓《よろこ》ばせんとて、
シオンのうた一つうたへといへり。
われら外邦《そとくに》にありて、
いかでエホバの歌をうたはんや。
エルサレムよ、もし我なんぢをわすれなば、
わが右の手にその巧《たくみ》をわすれしめたまへ。
もしわれ汝を思ひいでず
もしわれエルサレムを、
わがすべての歓喜《よろこび》の極《きわみ》となさずば、
わが舌をわが腭《あぎ》につかしめたまへ。
エホバよ　ねがはくばエルサレムの日に、
エドムの子輩《こら》がこれを掃除《はらひのぞ》け、
その基《もと》までもはらいのぞけといへるを、
聖意にとめたまへ。

ほろぼさるべきバビロンの女よ、
なんぢがわれらに作《な》しごとく、
汝にむくゆる人はさいはひなるべし。
なんじの嬰児《みどりご》をとりて、
岩のうへになげうつものは福《さいわ》ひなるべし。」

（森有正全集14・360〜362ページ）

たとえ虜囚《りょしゅう》の苦しみの最中《さなか》であるにしても、何という激しい憤怒《ふんぬ》、呪詛《じゅそ》の言葉であろう。また森先生はなぜここから、つまり、イスラエルの人びとの絶望から、かれらの生涯をかけての作品を書きはじめようとするのか。『バビロンの流れのほとりにて』に続き、『城門のかたわらにて』、『砂漠に向かって』と書きつがれていき、最後に『砂漠に水湧きて』を書くはずであった。

一九七三年三月六日の日記（全集14・454ページ）に、「今日、サン・ジェルマン・デ・プレのキャフェで「思索私記 Cogitationes pivatae」を見直した。かなり早く、例えば一月上旬ぐらいまでに終えられるだろうか」という。これは白水社版のデカルト著作集（4）に収録されて出版された。一九九三年二月十五日にやっと出版されたのである。彼が留学前に目指していたデカルト研究に関しては最後の仕事であったのである。

森有正といえば、デカルトとパスカル、モンテーニュ、カルヴァン、J・P・サルトルなどのフランス哲学にしか関心をもたない人と考えるのが常識になっている。ところが、彼はドイツ哲学にも強い関心をもっていた。カントやヘーゲルだけでなく、フッサール、ハイデッガーなどに深い関心をもっていた。ある御婦人でハイデッガーに詳しい人に、ドイツ語で『存在と時間』を読む読書会をしてもらっていた。二〇世紀を代表する哲学者といえば、ハイデッガーとウィトゲンシュタインということになるだろうが、そのウィトゲンシュタインについて彼は次のように語っている。

ルド・ヴィヒ・ヴィットゲンシュタインの難解な文章も少し研究したのだった。今、ぼくは並はずれたこの哲学者に本質的に惹《ひ》かれている。現在、凡《あら》ゆる哲学が崩壊に瀕《ひん》し、ますます信憑性《しんぴょう》を失いつつあるとき、僕は自分の言う意味における経験という考えを真剣に確かめるために、この哲学者のものを読む。解説者たちは、多くの場合、この類《たぐい》まれな人物について語る能力を欠いているように思う。

これは、徳を体現している人なのである。ヴィットゲンシュタインの場合、それは《純粋》ならざるものを一切許容できない状態を言うのである。徳がこのようなものである以上、これは倫理なのである。ヴィットゲンシュタインの主著「論理哲学論考」および「哲学探究」を読みつづける間、僕は自分に耐えられるであろうか。もしそれが出来ないのだったら、爾後《じご》、何も始めない方がましだろう。（全集14・449ページ）

残っている最も重要な問題は、つまり『バビロンの流れのほとりにて』の執筆である。さらに第二巻、『砂漠に水湧きて』を目下構想中である。それと、バッハのオルガン曲の演奏がある。（それよりももっと大事なことは、もっとたくさんのオイシイモノを食べることである）などということは絶対に書いてはいない。Exaisen-moi!

静かな一日。昨日、遂に僕は一九七三年三月六日（火）パリで「砂漠に水湧きて」を書き始めた。話者は、僕であるが、僕自体ではない。それは第一人称の人間を客体化したものである。この客体化は極めて困難な微妙な操作である。《人称》あるいは《人格》に関するこの変身に並行して、一連の覚え書きを書いておく必要がある。要するに、それは非常に長い愛の物語であり、アニー、アリアーヌ、僕の三人が主要人物をなす。アニーと僕とは同棲生活を十年続け、それにアリアーヌとの恋物語が続くのである。主な話の筋は、いわゆる愛という現代の疫病に決定的に不信の目を投げかけるところにある。

昨日来、すでに五枚書き、書く理由を述べた。（全集14・454ページ）

これによると、二宮正之氏の訳による「アリアンヌへの手紙」は、『砂漠に水湧きて』の一部分を構成する作品としてきわめて重要な意味をもつ作品ということになる。二宮氏は〈解説〉で次のように書いている。

アリアンヌとは有正のアリと相手の女性の名（アンヌ）とを組み合わせたものであるが、その背景にはギリシア神話のアリアーヌ（又はアリアドネ）がある。アリアーヌは、クレタ島の王ミノスとパシファエとの間にできた娘で、テセウスに恋をした。テセウスはアリアーヌと結婚を約し、迷宮ラビュリントスに入りこみ怪物ミノタウロスを殺したのち、アリアーヌと自分とをむすんでいた糸をつたって無事に迷宮から出てきた。ところが、その後、テセウスはアリアーヌとは結婚せずに彼女をナクソス島に置き去りにしてアテナイに戻っていく、という話である。最後に捨て去るところはともかくとして、アリアンヌ＝アリアーヌの結びつきは、森有正にとっては迷宮のごとき人生における導きの糸を象徴するものであったのだろう。そしてまたその書簡集はリールケがルー・アンドレアス・サロメに宛てて書いた書簡体の日記『フィレンツェだより』にもつながる。これは森有正自身が一九五六年に翻訳し、一九七〇年に「リールケのレゾナンス」(『全集』第四巻所収)と題する美しい文章を附して再版したもので、アリアンヌのイメージがルー・アンドレアス・サロメのそれに重なることは、「リールケのレゾナンス」の末尾に友人アリアーヌとのル・マンへの旅が語られていることからも明らかである。

一九七〇年の八月末に僕は北海道の支笏湖《しこつこ》の宿に森先生と二人できていた。先生はお魚が大好きで、鱒《ます》釣りをしたいといわれたので船を借りて一日釣糸をたれていたのだが、結局一匹も釣れなかった。その夜「リルケのレゾナンス」を書き上げ、翌朝、「読んでごらん」といって見せて下さった。それは感動的であるほど見事な文章であった。やがて筑摩書房のK氏が原稿をとりにこられた。そんなことがあったから、「リールケのレゾナンス」という文章は僕にとっても忘れがたいものであった。その時、先生からじかに、「バビロン系統の第五の書につける題名が『砂漠に水湧きて』になるだろうということを聞かされた。僕は一九六七年に『愛の思想』という題の本を番町書房から出した。一九九四年に、『荒野にサフランの花ひらく』という題名にしてこれの新版（東信堂）を出した。森先生と同じ問題関心があったからであることは言うまでもない。（この本には三島由紀夫が推薦文を書いてくれた。）

一九七一年四月十二日（月）の日記にはこういう文章がある。

昨夜プルーストを読み続けた。これは愛の物語と死のそれとが、もっとも残酷な相の下に描かれたものではあるまいか。残酷というのは愛と死とが決定的な瞬間に互いに支え合わないからである。これは、ずれてやってくる愛と死の物語なのである……。僕はテキストを、というよりはむしろ、一つ一つの言葉の重さをはかり、頭の中で可能なかぎりにおいて繰り返しながら、読む。しかもこれを読み切ることは決してないであろう。何故ならこの作品の根底は確定されていないからだ。経験が一敗を喫しているのである。僕は突然、この恐るべき真理に気がついたのだ……本物の愛と死とは経験を遙かに超えたものなのである……。ド・ゴールは「星辰は物事がいかに無意味であるかを示している」と言った。僕は、むしろ、「星々は事物の非妥協性を示す」と言いたい……。なんとなれば、死は愛を待たないのだから。両者は独立した二つの体系に属するのだ……。

『バビロンの流れのほとりにて』系列の作品はかなり多くの点で、プルーストの『喪《うしな》われし時を求めて』と対応するものであった。残念ながら、「アリアンヌへの手紙」において、愛と死の問題が深く掘り下げて考察されているとはいいがたい。それは、バビロン系列の作品の結論的部分ともいうべき『砂漠に水湧きて』の重要部分をなすものとはみなしがたい。せいぜい試作的な作品とみるべきであろう。

第8章　森先生の最後の時

◇死の予感

森先生の晩年の日記を調べてみると、かなり早い時期から自分の死を予感していたことが分《わか》る。一九七三年（昭和四十八年）の三月三日にこう記されている。

今朝、朝日新聞とヨルダン・プレスに手紙を書き、寄稿を断る旨を伝えた。僕は今、デカルトのように座右の銘として、“Bene latuit, bene vixit”（隠れて生きし者、よく生きたり）をかかげる。爾後、僕は自分から進んで書きたいことしか書かない。もう余生はそう長くないのだから。

（全集14・451ページ）

一九七三年三月二十八日の次の文章が、決定的ともいえることを書いている。

今度という今度は、病気が（頸動脈が両方ともコレステロールの沈着によって狭くなり、脳への血液の供給が乱され、様々な変調が起きたのである）、僕の人生にはっきり痕跡を残し、僕は壮年から老年へと決定的に進んでしまった。この老いは早すぎも遅すぎもしない。丁度来るべきときに来たのである。（全集14・455ページ）

M氏に手紙を書き、今後、注文原稿は書かないことを伝えた。もちろん、今までに引き受けた仕事は終えなければならないが。

（中略）

残っているのは最も重要な問題、つまり「バビロンの流れのほとりにて」の執筆である。第三巻、「荒野に水湧きて」を目下構築中である。（中略）

「バビロンの流れのほとりにて」は次のことの大綜合を実現する、いやむしろ物として示すものでなければならない。すなわち、僕自身の経験、カルヴァン及びカール・バルトの神学、特に「ローマ人への手紙」、「ヘブル人への手紙」、「ヨハネの黙示録」の注解、バッハのコラール前奏曲、「フーガの技法」、デカルトの合理主義、パスカルの愛の神学である。（中略）肝腎要の一点は書くことの内にあるのであろう。本物の一建造物である。（全集14・456ページ）

この時から三年間の猶予《ゆうよ》はあったのである。しかし、何一つ仕上がらなかった。老化がすすみ、病魔が襲ってきたからである。

「デカルトの瞬間と永遠真理の問題」これについては、(指導教授のジャン・ワール先生が老衰してしまったために)切迫感がなくなってしまった。

学位論文『パスカルにおける愛の構造』は実質的には、ほとんど完成したも同様の状態である。

森先生はこの時期、パリの大学都市の中にある日本館の館長をひきうけてしまったので、しばらく恒例の七・八・九月の日本への帰国の習慣は中断していた。一九七五年八月十三日にはこう書いている。

複写機が原因で起きた中毒事件に関し、僕はJ夫人とともに大学都市の弁護士、R氏をたずねた。(中略)このような生活に深い疲れを感じ始めた。(全集14・478ページ)

八月十四日。

とても暑い一日。Dとモンスリー公園の湖畔亭で昼食。オルガンの脚用鍵盤を弾くときの足の技法について大いに話しあった。Dは空中ブランコ乗りとしての深い経験があるからである。昨夜、バッハのロ短調の「フーガ」を奏いていて、ある種の足の動きに苦労していたとき、綱の上を歩いていく空中曲芸師にとってても同じことであろうという考えがひらめいて、以後そのことばかり考えていたのである。(中略)Dは裸足で弾いてみろと言う。それは驚くほど有効であった。

裸足だと、足を正しく鍵盤上にのせなければ滑ってしまうからである……。それに、見なくても機械的に動くように足を訓練する必要がある。最後に、動きのメカニスムを形成するように足を訓練すること。（中略）このことを教えてくれたDにはいくら感謝しても感謝しきれない。（全集14・479〜480ページ）

Dというのは、ディアーヌ・ドリアーズというのが本名で、もとサーカスのスターであったが、フランス航空のステュアーデスとなり、年齢上の理由でやめてから、自己訓練してタイプライターも上手になり、森先生の秘書を晩年つとめていた女性であり、森先生の最後の恋人といってもいい人であった。もちろん、プラトニックな意味においての恋である。

森先生が最初の発作をおこしたのも丁度、一年後の一九七六年八月十三日のこと、同じレストランにおいての出来事であったのである。二宮正之氏の「詩人が言葉をうしなうとき」という題のエッセイにそのことが書かれている。

こうして私たちは湖水に面した金鯉亭に着き、入ってすぐ左手の窓際の座を占めた。（中略）森さんの右腕はすでに感覚を失いかけていた。

（中略）

食事中に坐を立った私は、レストランの主人にもよりの医者の住所を確かめておいた。

（中略）

町医者も、病人の容態を見ると顔色を変えた。（中略）医者は、直ちに救急車の手配をし、（中略）私はラ・サルペトリエール病院を指定した。

（中略）

森さんはその三日後の月曜日に日本に立つ（ママ）予定になっており、それまでに日本大使館に行ってパスポートを受け取ってくることをひどく気にしていた。もちろん、実際には、飛行機に乗って東京に行くことなどとても望めない状態であったが、私は病人の気をやすめるために大使館に走り、更新されたパスポートをもらってきた。病院に戻ってみると、（中略）森さんは四人部屋の一角に一人静かに横たわっていた。パスポートを見せると、さっそく署名しようとした。手がふるえていつもの字にはならなかったが、それでも森有正とサインした。

（中略）

それから後は、日本館を通じて日本の御家族への連絡を依頼し、また私自身東京の家の者に電話をかけて手配を頼んだ。

（中略）

翌朝、病院に戻って見ると、森さんは二人部屋に移され、診察を受けている最中だった。（二宮正之『私の中のシャルトル』ちくま学芸文庫、191～196ページ）

◇森有正の死

心臓の発作で、突然倒れたと広島の旅先において、国際電話で突然知らされた森先生の妹関屋綾子《あやこ》さんは直ちに帰京し、先生の長男有順《ありゆき》氏と二人でパリにやってきた。病院の個室に、友人や学生たちに贈られた花束にかこまれて、有正先生は生死の境をさまよっていた。長男の有順と妹綾子との区別は、かすかについているかに見えた。

一九七六年十月十八日、森先生はすべての苦しみから解放された。

十月二十五日、ル・ペール・シェーズの墓地で火葬に付された。二人の家族の指示によって、告別式は次のように組織された。宗教色を一切つけぬこと、森先生自身のオルガン演奏を流すこと、写真一葉を中心におき、花のみを飾ること。

僕が十三の時、父が死んで東京の西郊にある墓に葬られた。二月の曇った寒い日だった。墓石には「M家の墓」と刻んであって、その下にある石の室に骨壺を入れるようになっている。(中略)僕は墓の土を見ながら、僕もいつかはかならずここに入るのだということを感じた。そしてその日まで、ここに入るために決定的にここにかえって来る日まで、ここから歩いていこうと思った。(全集1・6ページ)

僕は、森先生は長い旅を終えて、決定的にここに帰ってこられたのだなと思って、感無量であった。三鷹の国際基督教大学（ＩＣＵ）の告別式にも、姉と一緒に参加した。先生の娘の聰子《としこ》さんに会ったので、姉（長谷川美紀子）が「三鷹の長谷川病院で働いていただけませんでしょうか。きっといい仕事を見つけてさしあげます」といったが、全く問題にはしていただけなかった。もしかしたら、小学校を卒業してすぐパリに行き、フランス語は身についたけれども、日本語で読み書きができなくなってしまっているから、日本に帰って職につくのは無理かもしれないと考えておられたのかもしれない。

◇森有正の死について

森有正のパリでの客死はいろいろの波紋をなげかけた。

まず、『朝日新聞』は「哲学者・森有正、パリで死去」という見出しの下で、次のように書いている。

哲学者でパリ大学東洋語学校教授の森有正氏は、一九七六年十月十八日午後一時四十五分、（日本時間　同九時四十五分）パリ市内のサルペトリエール病院でけい動脈閉塞症のため死去した。六十四歳。

実妹の関屋さんの話では森先生は八月十三日、パリのレストランで友人と食事中に具合が悪くなり、同病院に入院した。意識ははっきりしていたが右半身がマヒ、口がきけない状態だった。一時はイスに腰かけられるまでに持ち直し、機能回復訓練をつづけていたが、一週間ほど前から再び容体が悪化していた。パリ大学日本学生会館の館長もしていた森氏は七月一杯で館長職を後任に譲り、八月十七日に帰国する予定だった。

森氏はソルボンヌ大学に学ぶ次女の聰子《とし こ》さんと二人暮らしだった。長男の会社員、有順《ありゆき》氏がフランスに飛び、葬儀の日取りなどを決めるという。

◇

森氏は明治四十四年、東京生まれ、初代文部大臣の森有礼の孫に当たり、牧師だった父親の影響で幼いころからのクリスチャン。東京大学文学部仏文科でデカルト・パスカルを専攻、昭和十三年卒。同二十五年東大仏文科助教授の時渡仏、パリに定住し、一九五五年から旧称パリ東洋語学校（現ソルボンヌ大学）で教べんをとり、日本語と日本思想をフランス人学生に教えた。六五年に助教授になり、七一年客員教授となり、病院で倒れるまでフランス人子弟への日本文化の教育に当ってきた。その門下から多数の日本研究家が輩出している。

哲学者、仏文学者、評論家として多くの著書をあらわし、『パスカルの方法』、『デカルト研究』、『ドストエフスキー覚書』などがある。ことにヨーロッパ文明の中の遍歴記ともいえる『バビロンの流れのほとりにて』、『城門のかたわらにて』、『遙かなノートル・ダム』などの哲学的エッセーは欧州に関心を抱く青年層に愛読され、独創的哲学者として一家をなしていた。（パリ局）

◇ 二つの記事

僕は一九七六年十一月八日の『日本読書新聞』に、森有正先生の追悼文を書いた。

森有正先生がパリのサルペトリエール病院で急逝された。十月十八日の十一時ごろ友人の電話でそれを知らされた。

少し前に札幌医大の和田武雄教授から、「あなただけにお教えしておくことですが、森先生にこんど発作がおきたらもう助かりませんから覚悟しておいて下さい」と言われていたから、覚悟はできていた。だから、冷静に先生のご逝去の報らせを聞くことができた。

先生はどちらかといえば、放浪者ではなく、定着型の思索者であった。そのことは自分の存在を赤く焼けた西方に小さく黒く立っている一本の「樫《かし》の木」にたとえていたことからもわかる。その先生をパリに魅きつけたのは、エキゾティシズムではなかった。それは「自分を新しい感覚に触れさせて、今あるものを破壊して進もうとする凶暴な意志の表われであった」。異国の土に足を踏み入れた瞬間に、幼年期にのみ味わうことができたものとの原初的触れあいの感覚がまた鮮やかに蘇《よみがえ》ってきたのである。この感覚の原点からはじめて、自我を再建し、思想を生みだしていく、三十七年の長期にわたる異郷での先生の思索的精進の生活がこの瞬間からはじまったのである。

先生の思索は、風景の中にひとり佇み、じっと孤独をかみしめいている。この孤独を運命によって与えられたものと考え、自分に与えられた、究極の〈愛のかたち〉に従おうとしていた。そこから、先生の温容あふれるばかりの、あの優しさが生れてきたのだと僕は考えている。

森先生が亡くなって三か月たってから、『遠ざかるノートル・ダム』という遺稿集が筑摩書房から出版された。この書評を一九七七年一月二十四日サンケイ新聞に発表した。

この遺作評論集を読みおえた今、森有正という存在が日本の思想界において占めていた位置、その喪失の大きさというものに思いをいたさずにおれない。ここには、バッハの音楽について、恩師について、ノートル・ダムについて、あるいは中国や民主主義の問題についてその時点でのジャーナリズムの問いかけにこたえて書かれた文章が収められている。

しかし、彼は主題や時節の変化に応じて自由に視点を変化させることができる今の評論家諸氏にくらべてあまりにも無器用であった。どんな問題に対しても愚直といえるほど、ただ一つのことを訴えつづける。つまり、自分自身の生活と経験に深く根ざす言葉以外は無意味だということの一事である。しかし、それが不思議なほど説得力をもつというのは、「ことばの自己回転と理解の過剰」というわが国の知識人特有の病弊《びょうへい》との対比においてであるのだろう。

これは、同一のことを語りつづけるということと密接に関連していることだが、もう一つ、「戦後」の問題意識が一貫して氏のうちに持続しているようにみえることが印象づけられる。それは昭和二十五年以来パリを本拠とした生活をつづけてきたことと無関係ではないだろう。長く異郷で生活してきた氏は、いわば、二重の意味で伝統的通念から絶縁され、裸の自己から再出発しなければならなかった(中略)。

しかし、そのように強制されてえらびとった氏の生き方が、期せずして観念過剰な日本の知識社会の歪みをあばきだす役割をはたしたのである。

森有正先生が亡くなられてから、早くも三十三年の歳月が流れた。本だけで知っている人からみると非常に孤独で悲劇的な哲学者のイメージしかうかばないだろう。しかし、先生とたえず会っていた人からみると、人を笑わせる名人というような、まるで違った印象があるのである。たとえば、作家の辻邦生さんの印象を聞いてみよう。

私はふしぎと先生の温かな面、ユーモラスな面だけが思い出された。上機嫌なときの先生は愉快な話をつぎつぎに繰りだして私たちを笑わせた。私は、なぜか、先生が眼を細め、顔じゅうくしゃくしゃにして笑う顔を思い出しては、そういうものから先生を遠ざけたさまざまな要素について考えこまないわけにゆかなかった。

いつだったか、先生は突然「新宿にね、とろろ御飯の食べ放題というのがあるんですが、行ったこと、ありますか?」と言われた。先生は大食だし、何でもよく食べた。私もかなり健啖なほうだが、先生にはかなわなかった。私たちは早速食べ放題に出かけたが、食べ放題なのは、麦めしのほうだけで、とろろ汁は椀一杯だけであった。私たちは麦めしにとろろ汁をかけ、それを食べてしまうと、あと、麦めししか残らなかった。ぺてんと言えばぺてんだが、看板には麦めし食べ放題と書いてあって、とろろ汁をいくらでもかけてくれるとは書いてなかった。「うまく考えたものですね。まったくうまく考えましたね」

先生は私たちがまんまと一杯くわされたにもかかわらず、それに引っかかった自分がおかしくてたまらないらしく、そう言って、いつまでも笑っておられた。先生には、子供っぽい無邪気なところがあって、私は、先生がそういう話をされるのが好きだった。（辻邦生『森有正——感覚のめざすもの』筑摩書房、24〜25ページ）

古い友人の丸山真男氏によれば、森有正ぐらいおしゃべりな男はいないということになる。電話で話していると九五パーセントは森さんで、自分は五パーセントぐらいしかしゃべっていない。それは少し誇張だと思うけど、人によってはそれぞれちがった森さんの顔がある。

僕の心の中には、静かな孤独の中で思索する人であると同時に、いつもユーモラスで子供みたいに純真な森先生のイメージが少しもこわされずに今でも生きている。「森有正はまだ死んでいない」と僕は言いたいのである。

第9章　神秘主義哲学の発見

◇オルガンに熱中する森先生

僕は「神秘主義哲学の発見」というエッセイを書こうと思って、二〇〇七年七月末、軽井沢の山荘にやって来た。うだるような東京の熱さが嘘のように思えてくる。僕の山荘は海抜一〇〇〇メートルのところにあるから、下の銀座通りにくらべてずっと涼しいのである。

前庭の美しい唐松の林や、白煙を上げている浅間山を眺めていると、静寂の中にひとり佇むことの喜びをとりもどすことができる。

最初にやることは、いつもきまっていて、J・S・バッハの「ゴールドベルグ変奏曲」（ピアノ・アンドラーシュ・シフ）か、同じバッハの「平均律クラヴィーア曲集第一巻」（ピアノ・キース・ジャレット）を聞くことであった。いつも熱いコーヒーを飲みながら聞くのである。

その次には、森有正先生の『思索の源泉としての音楽』（フィリップス社）を聞くことであった。

第一曲は"Oh Mensch, Bewein deine Sünde groβo"（人よ、汝の大いなる罪を嘆《なげ》け）である。これは森さんのもっとも好きな曲で、NHKのパイプ・オルガンによって自ら演奏したものである。このあと、森先生の「経験の哲学」がとつとつと語りだされる。NHKの「女性手帳」の時間に放映されたものなのだが、たいへん難解な内容なので、はたしてこれが家庭婦人に理解されるかどうか疑問だと僕には思える。

僕は森先生が非常に好きだ。どういうところが好きかというと、先生は、哲学において自己を啓発していくことに専心していただけでなく、暇さえあれば、バッハのパイプ・オルガンの練習に熱中し、時々聞かせてくれる〝生演奏〟に、僕だけでなく、みんな魅了されていたのである。今、森先生のバッハ演奏を聞こうとする人は、フィリップス社から出たこの『思索の源泉としての音楽』という題名のCD（二枚組）を購入するしかほかに道はない。これはずいぶん昔に出たものであるので、まだ在庫があるかどうかは保証の限りではない。もし万一、僕の今度のエッセイがいまの時代の人々に関心をもって読まれることがあれば、そして僕の読者の中にバッハ好きがたくさんいれば、フイリップス社で増刷してくれることだろうからこれを入手することができるようになる。しかし、その確率はそんなに高くないので、最悪の場合には、図書館に行ってこの種のものを在庫させているところがあるかもしれないから、それをお探しになることです。

この二枚組のCDのうちのDISCⅡには、バッハのコラール前奏曲である「人よ、汝の大いなる罪を嘆け」（BWV622）から始まり、それから以後は、森先生の音楽観と彼独自の経験の哲学が語られている。DISCⅠには、短い講演に続き「人よ、汝の大いなる罪を嘆け」のあとに、「主イエス・キリストよ、われらをかえりみたまえ」(BWV632)、「天にましますわれらの父よ」(BWV737)、「われ汝らに別れを告げん、汝、悪しき偽りの世よ」(BWV735)、「汚れなき神の小羊よ」(BWV656)、「来たれ、異教徒の救い主よ」(BWV599)、「キリストは死の縄目《なわめ》につながれたり」(BWV625)、「われらみな唯一の神を信ず」(BWV680)(これらはすべて僕が北大の助教授の最後の年に学生たちに手伝わせて、クラーク会館のドイツ製のパイプ・オルガン、その他いくつかの教会のオルガンで録音された長大なテープを整理し、そのうちから、音楽的にも比較的よく録音されていたものとして日本フォノグラムの人たちによって選出されたものばかりである。)

ちなみに、僕は何人かの若いオルガニストたちとお話ししたことがあったが、いずれも、森先生の本を読み、また、CDで演奏を聞き、それに感動したからオルガニストになることにきめたのだということを知り、森先生の文章と演奏はそれほどの影響力をもっていたのかと感銘し、非常に嬉しい思いをしたということを今改めて思いだすのである。

最近、音楽評論という分野をひらいた人として吉田秀和氏が文化勲章をもらったことを聞いたが、これはうれしいニュースであった。勲章は美術畑の人にばかり与えられ、音楽関係の人には与えられないことを残念に思っていたからである。吉田氏は森先生の親友でもあった。彼は森先生のオルガン演奏について、「僕は森さんの演奏を聞いていて、シュヴァイツアーと同じように、ゆったりと演奏しつつ思索しておられるように感じた」という意味の文章を書いていたように思う(正確な引用ではない)。森先生はシュヴァイツアーを尊敬し、彼のバッハ研究をよく読んでいたことを思い出す。森先生は晩年にはすでに聴衆の前でオルガンの演奏をする資格のある者として登録されていた。毎年開かれるシャルトルの聖堂において行われる世界的なオルガニストを集めて行うオルガン演奏のコンクールに入賞したとおっしゃっていたから、もうプロのオルガニストとして通用する腕前になっていたのであろう。

井上靖が晩年において、いにしえの修業僧が小僧《こぞう》の時から始めて沈黙における坐禅をしたり、悟りを開くために修業の旅に出かけ、いろいろ苦労した揚句《あげく》、突如として悟りに到達することに無上の喜びを感じることをいろいろな僧侶の場合に即して語っている。

森先生のバッハ演奏という求道《ぐどう》においても、これと似たようなものを感じた。軽々《けいけい》に到達できるようなゴールに到《いた》ろうとするのではなくて、毎年、毎年の鋭い発見の喜びを感じながら、いのちのあるかぎり、探求をつづける姿勢が、森先生のバッハの修業において感取されるように思っていた。それは、先生の経験の哲学の探求においても、根本的に同質のものが通底しているように感じられるのである。

よく、森有正先生はパリに二十六年も住んでいて、精神的にはフランス人のようになってきたのではあるまいか、という人もいるけれども、先生はソルボンヌ大学でフランス哲学を講義していたわけではなく、日本思想の講義をしていたわけであり、精神的には、日本人の魂を少しも見失ってはいなかった。利休や世阿彌《ぜあみ》その他の芸術家が求道《ぐどう》の究極において達した深い境地に類似したところに、森先生は経験の哲学の探求あるいはオルガン音楽の修業において到達していたのではあるまいかと、僕は推察しているのである。

◇『バビロンの流れのほとりにて』の同系列の作品について

僕は森先生の偉大さというものをつねに実感していた。先生はフランス哲学の紹介者であり、翻訳者であるだけではなく、芥川龍之介の主要作品のフランス語への翻訳において代表される作品によって容易に察知《さっち》されるように、日本人の他の誰よりも見事なフランス語の文章を書くことができる人であった。

『バビロンの流れのほとりにて』の、フランス語の文章で書かれたものは現在部分的にしか発見されていない。だから、これが元来、フランス語で書かれたものがオリジナルであったのか、むしろ逆に、日本語の文章をフランス文にしてみようとする著者の試訳の一部分であるにすぎないのか、それをどちらかにきめつけるための決定的証拠が存在するわけではない。ただ、『バビロンの流れのほとりにて』の日本語原文はまだ発見されていないのである。僕の意見としていえば、フランス語原文説を採用したいと考えている。というのは、日本語のテキストを読んでいると、どうにも晦渋《かいじゅう》で、理解に苦しむが、これをフランス語で表現すれば、はっきりするようなところが多々あるからである。(もちろん、これは想像でしかないのであるが。)

ただ、『バビロンの流れのほとりにて』と同系列の作品である『砂漠に向かって』は最初からフランス語で書かれたものであることが判明しており、そのフランス語原文は故辻邦生氏のところに(ということは辻さんの奥さまである美術史家の辻佐保子さんのところで)大切に保存されているようだ。もともとフランス語で書かれた膨大な日記があり、その三分の二が、二宮正之氏によって見事な日本語に翻訳されて（森有正全集の13〜14巻として）出版されている。今は二宮正之編の『森有正エッセー集成全五巻』（ちくま学芸文庫）によって気軽に入手することができる。

◇神秘主義的哲学

フランス文学者の菅野昭正氏は『流れのほとりにて』（弘文堂）の書評において、次のように語っている。

僕たちの文学では、これほど困難な場所にみずからを位置づけた精神の歩みを、これほど密度の高い散文で、精密に、虚飾なく書きつくした作品は、かつて一度として生れたことがなかった。これほど研ぎすまされた眼で内面を凝視し、経験の重量をみごとに支えた精神の記録が日本語で書かれたことはかつて一度もなかった。いや、ヨーロッパにも類似の例はまったく乏しい。僕の知る限りでは、わずかにアミエルの日記、シャルル・デュ・ボスの日記のある部分などが挙げられる程度である。これらの内面の記録は、精神の燃焼過程を蒼白な焔のようにうかびあがらせることによって、極めてパテティックな感動のなかに読者を誘いこんでいく。（中略）より密接な親近性をもって思いうかべられるのは、『マルテの手記』である。じじつ、森氏は何度となくリルケについて語っている。（全集2・付録に再録。）

これは明らかに仏文学者の批評として、〈『流れのほとりにて』についての評論に関していうかぎり〉、最高の水準にあると見てよいだろう。森先生もこの批評文をお読みになったらお喜びになることだろう。『流れのほとりにて』をリールケの『マルテの手記』と比較しつつ論じてくれるならば、それは先生にとっても本望であろう。ただし、仏文学者の批評は、この作品を文学的エッセイとしてしか評価しないという限界がある。

僕はこれが実は、本質的に、哲学的エッセイであることをある日突然、発見した。そのことを森さんは秘密にしている。しかし、ここにはプラトンの『パイドン』に通底する〈魂の不死のロゴス〉が背景としてあるのである。そのことは、森有正は極度の恥ずかしがりやであるから、普通の読者には感じとられないように、〈秘密〉として隠されてある。「まさか」と思うむきは次の文章をお読みいただきたい。

僕はこの「手紙」の一番はじめに、人間の稚い時の魂は、かれが成長し、老熟しても変らないのではないかという意味のことを書いた。それはいわば僕の直観、あるいは単に感じで、それが僕の中でどういう経路をとって確認されるのか、全く知らなかった。自分の魂の同一であること、稚いこと、血気盛んであること、老い衰えていること、そういうことをこえて一つの魂が持続するものだということ、これは昔からたくさんの人が説き、ある人々は現世をこえて、来世、あるいは逆に未生以前の生にまでその考えを拡げて、一つの魂がいつも同一であることを主張した。

（全集1・72ページ）

ここまで読んだ人は「アレアレ森有正はこんな古めかしいことをいっている。これでは、プラトンの『パイドン』と同じ意味で、魂の不滅性を語っているということになりはしないかな」というような印象をもつ。しかし、次の文章は否定形で語られているために、やっぱり森さんは現代的な思想の持主なんだなと考えて安心してしまう。その続き。

僕は人間が生れる前や死んだ後までも、同じ魂をもって持続するのかどうか知らないし、また必ずしも今は知る必要がない。（同右・72〜73ページ）

この否定形があるために読者はついあざむかれてしまうのである。しかし、森さんが本当に言いたいことは次の文章にこめられている。

自分には一つの魂があること、自分には自分というものがあって、他の人とは異っているということ、これがあってはじめて、精神とか学問、芸術とかが意味をもってくるということ、これは、どうしても従来は、僕の確信となるには到らなかった。ただ変らない自分というものが他と異なった形であるという漠然とした感じがあるに過ぎなかった。（同右・73ページ）

これに続く文章において、森さんは自分の信念を語っているのである。

この二カ月の経過が僕にとって大きい意味をもつのは、これが一つの確信に変化しはじめたということである。それは言いかえると、僕は僕自身を礎石とすることによってほかのものを恐れる必要がなくなったということである。あとはそれを深め、自ら確かめるということである。

(同右・73ページ、傍点引用者)

ここで「これ」というのは何か。「これ」というのは、「自分には一つの魂があること、自分には自分というものがあって、他の人とは異っているということ、これがあってはじめて、精神とか学問、芸術とかが意味をもっているということ」であり、これこそが森さんの信念であった。それは人にはそんなにおいそれと素朴な形で伝えることができないというのが森さんにおける真実であった。「これ」は近代の合理主義に毒された今の人にはとても理解されうることではないことを彼は直観的に知っていたがゆえに、わざと普通の読者に理解されないように、婉曲的《えんきょくてき》に書いたのである。いつの日か、自分の確信がそのまま理解される時がくるにちがいないという信念が彼の中にはあったのだと思う。彼は本音では、「自分の魂が持続するものだということ、ある人々は現世をこえて、来世、あるいは逆に未生以前の生にまでその考えを拡げて、一つの魂がいつも同一であると確信していた」。この文章を過去形で書いたのは、彼が生きていた時代には科学主義的偏見が世に横溢《おういつ》していたからであろう。しかし二十一世紀の今では、科学的言語は絶対的真理をそのまま語るものではなく、ウィトゲンシュタインのいうように、それも一つの言語ゲームにすぎないということ、今日ではレヴィナスのような神秘主義的哲学が流行しているわけだから、少しも恥じることなく、率直に神秘主義の哲学を語ることが許されるべきだと僕は思うのである。

森先生は本当に恥ずかしがりやだったから、自分の本来の信念を語っていながら、それをあたかも自分の本当の考えでないかのように、つねに否定形で語り、率直に自分の信念を語ろうとしていないのである。「僕の生れた家の二階の窓からは浄水場の土手の上の樫の木が遠くに見えていた」という一文によって少年時代の象徴的経験を語っているが、このことは、遥かな国である西欧、それもその中心であるパリに行ってみたいという幼年期にすでにめばえていた幼い願望の象徴であったのである。ここには、魂の同一性の感覚が根づいているのである。純生理的且物理的に考えるならば、たんなる身体としての自分は、つねに、断えず細胞分裂をつづけており、身体の同一性はあっというまに宇宙の混沌の中に雲散霧消してしまう。しかし、自己を精神としてみれば、明らかに同一性において生き、活動している。魂の同一性は永遠に継続して生きつづけることが可能だということである。

このあと森さんは更にもっと昔のことに話をそらし、初恋の経験を話しはじめるのである。「十四、五歳の青い海水着をきて、黄色の海水帽をかぶったその少女は……」というような初恋物語を語りはじめるのはどういうわけか。その描写に移らなければならない必然性はどこにも見つけられない。こういう話をすること自体、彼にとっては恥ずかしいことであったにちがいない。それにも拘《かか》わらず、この種の話題を語りつづけるのは、読者を新しい話題にひきこみ、その前に語ったこと、つまり魂の同一性にもとづく神秘主義の話を忘却の彼方に消し去るための一つの方便だったと僕は推測するのだが、読者の中には、それは「深読みしすぎだ」と苦笑する人もおられるかもしれない。

◇経験の哲学の根底に神秘主義があるということ

さて、そろそろ本題に戻らなければならない。これから語ることは森哲学との関連において述べるのであるが、ここからは筆者の見解であると申し上げておく。

デカルトにおける「方法的懐疑」の意味を徹底的に考えつめたあげく、「われあり」(ergo sum)の確実性は、この世に存在すると思われる一切合切を疑いつくした揚句《あげく》、そのように疑いつつある自分の存在だけは疑うことが不可能であることを直観し、ergo sum《ワレ・アリ》という不可疑な一点に到達する。しかし、ergo sum《ワレ・アリ》の確実性に到達しただけではまだ何の意味ももたない。なぜなら、すべてを疑いつくした今の瞬間に自分は存在するといえても、自我が実存として継続して存在しつづけていることの確実性は保証されていない。次の瞬間には無となってしまうかもしれない点的存在なのであるから。そこで、デカルトは全体としての思惟しつつある精神は、懐疑の各段階において懐疑理由(ratio dubitandi)を設定しつつ、自分の中から、感覚、記憶、想像力など一つずつを区別し、抽象化してきたわけであるが、人間がそこにおいて生きている経験においては「感覚的であるところのその同じ心が同時に理性的(raisonable)であり、すべての心の欲望は意志である」(『情念論』Les passions de l' ame, AT·IX, p.190)といった以上、デカルトの哲学が経験にもとづく哲学であったことは間違いない。「感覚的であるところのその同じ心が同時に理性的である」ことが経験において直観されていたからこそ、全体としての精神をとらえることができたことは明白である。この経験という沃土《よくど》に帰りつくことができる以上、これまで抽象化してきた〈感覚〉、〈記憶〉、〈想像力〉そして〈他者とともにあること〉（être avec autre）は、自分の実存というものに根ざす根本的事実であった。

こういう〈経験の哲学〉というものが根底にあったからこそ、他人の群れを森のようにみることはあっても、独我論におちいる心配はないというのが、デカルト哲学の根本前提であった。dubito（私は疑う）という極限における自我は幾何学上の点のようにゼロに近い瞬間的事実にすぎなかったが、その瞬間としての自我をどこまでも延長して、精神としての実体というところまでなぜたどりつくことができたかといえば、彼は実存の根元に帰着することによってすべての断片的事象を全体にとりまとめる「経験の哲学」に立脚する立場にたっていたからである。この「経験の哲学」の立場に立つことによってすべての永遠の真理が可能となる。これが哲学の根本であるのだ。森先生もまた、デカルトを徹底的に研究した揚句《あげく》、そこから以上のような「経験の哲学」を学びとったのではないだろうか。先生も僕も、自分の哲学の根本においているのは、デカルトは経験の哲学者であるという考えであった。その点においては、師森有正と僕（弟子）は同一の根拠から出発して哲学することを開始したのである。だからこそ、僕には、森先生の「経験の哲学」というものに非常に深く共鳴することができたのである。

もちろん、「経験の哲学」は、森有正や伊藤勝彦の二名だけが独占していると主張するつもりはない。ジャン・ラポルトやアンリ・グィエなどが本質的なところにおいて一致して共有しているものである。その最初の発見者は、今でも戦中のヴィシエ政権に協力したかどで嫌われているラポルトであった。イデオロギーによって偉大な名前を抹殺してはならない。(われわれが共有している「世界内存在」(In-der-Welt-sein)という根本思想は、対ナチス協力者として批判されているマルチン・ハイデッガーによって発見された。J・P・サルトルも、アンリ・グィエも、このハイデッガーの思想の影響をうけて哲学の探求に出発した人たちであった。)

ジュヌヴィエーヴ・ロディス・レヴィスの恩師であったジャン・ラポルト教授は、彼の学位論文の『デカルトの合理主義』(Le Rationalisme de Descartes, P.U.F., 1950)の中で、「はたしてデカルトは合理主義者であったか?」という根本的問いから出発し、デカルトには個体性(individualité)や無意識(inconscience)を前提とする非合理的要素がいくつかあったのであり、デカルト哲学においてもっとも重要なのは、〈経験〉と〈自由意志〉を前提にしていることだということをこの主著の結論において語っている(ibid., p.483)。「経験の哲学」はもちろん、イギリスの経験論と類似するものではない。それはほとんど形而上学なのである。

ラポルトのデカルト書は一九五〇年に出版された。この同じ年に森先生はフランスに向って出発した。ソルボンヌ大学では、ジャン・ヴァール教授の指導の下に、「デカルトにおける瞬間と永遠真理の問題」という、もっとも難しい課題を与えられて、この問題に関係する文献を多数集めていたが、その一冊も読むことができなかった。ジャン・ヴァール先生は晩年老衰がひどくなったので、森先生はやっとこの問題から解放されたとお感じになった。かといって、デカルトの研究をやめたわけではなかった。

一九五六年三月二十七日にNHK欧州総局から依頼された「デカルト生誕三百六十周年記念講演」

の全文が、『バビロンの流れのほとりにて』の中に収録されている。それを読めば、先生がデカルト全集のあらゆる部分を丹念に読みつづけておられたことがよくわかる。

デカルトについてこれだけの深い理解にもとづき、しかも具体的思想内容についてのこのように深い理解があるのでなければ、これだけ見事な文章を書くことはできぬと僕は思う。

先生は白水社から出たデカルト著作集の第四巻の『思索私記』をラテン語の原文から翻訳するという仕事にも参加されている。

森先生はデカルトを徹底的に研究していったあげく、その根本に経験の哲学があることをさとったのである。一九五〇年の八月末にフランスに出発する直前に、『デカルト研究』を仕上げてから行かれた。この本の最後の論文が「デカルト思想の神秘主義的要素――『イミタチオ・クリスティ』をめぐりて」であった。経験の哲学を発展してゆくならば、その最終段階において神の問題につきあたらざるをえない。そこに神秘主義的哲学が到来するのである。

◇人と人とのあいだにあるべき距離

森有正先生が亡くなってから三十三年の歳月がたってしまったが、『バビロンの流れのほとりにて』は別として、ほとんど彼の著作が無視されてしまっている。

「霧の朝」を中心とする経験の哲学について興味をもつ人も少なくなっている。僕がこのエッセイをなぜ書こうと思いたったかといえば、僕から見て今でも価値があると思える森先生のデカルト・パスカル研究、そして文学的エッセイの数々が埋《うず》もれてしまっているのが残念で仕方がなかったからである。今でも、これらの書物は新鮮であると思う。僕は森有正先生を偉大な哲学者として深く尊敬している。僕の教え子たちの中にも、森有正を敬愛している人はたくさんいる。

まず、僕のデカルト研究の後継者として、また北大文学部の倫理学担当の主任教授として活躍した坂井昭宏（現在は北大文学部名誉教授）。彼は最近、桜美林大学の教授に採用されたため、妻子とともに東京に帰ってきた（以前は千葉大学の教養部教授であった）。その他に、埼玉大学教養学部哲学コースの学生であった香川知晶君は、デカルト・パスカル研究においていくつかのすぐれた業績を残している。現在は坂井君とともに生命倫理の研究者として、たくさんの著作や論文を発表している（山梨大学医学部教授）。東京大学の学生として長期にわたって僕の学部や大学院におけるデカルト・ゼミに出席し、生涯一貫してデカルトの研究者であったのは持田辰郎君（名古屋学院大学経済学部教授）ただ一人であった。また、本郷における最後のデカルト・ゼミに二年間出席してくれた四人の学生のことを思いださずにはおれない。荻原理《さとし》君（東北大学准教授）、神谷英二君（福岡県立大学准教授）、古田知章君（駒沢大学講師）、中島隆博君（東大教養学部准教授）そしてもう一人の女子学生（現在主婦）の五人が、僕の定年退職を祝うパーティをしてくれた。それは丁度、僕の還暦の年にあたっていた。たんなる一非常勤講師のために盛大なお祝いをしてくれたことに僕は深く感謝している。東京大学における最後の講義の時、女子学生の手によって美しい花束があたえられた。

これらの学生たちのうち、デカルト研究に専念しているのは持田君と古田君だけである。神谷君は渡辺二郎教授の愛弟子であり、現在も現象学を研究している。荻原君は世界的に有名なアメリカのカーン教授のもとで、七年間ギリシア哲学の研鑽《けんさん》をつんできた。中島隆博君は中国哲学科の大学院博士課程の二年目のときに僕のデカルトのゼミに参加してくれたのである。彼の比較哲学という分野でのこれまでの業績に対し、第一回中村元賞があたえられた。上述した人たちを中心とする仲間たちとともに中村元賞を祝う会を僕が企画し、その会はなかなかいい会であったと思っている。彼は超多忙な人で、授賞の対象となった論文集はごく最近(二〇〇七年九月二〇日)になって、主題を全面的に書きかえて、『残響の中国哲学――言語と政治』という題名で東京大学出版会から出版された。これは比較哲学の論文集としては画期的な作品として評価できると思う。

中島君が僕に接近してきたのは、彼が古くからの森有正のファンであったからである。彼が東大の読書研究会の後輩であった美幸さんと結婚式をあげるとき、中島君の希望で森有正の父、森明先生が創設された中渋谷教会で式をあげたいと切望していたため、仲人であった僕はその教会で挙式する夢を彼のために実現してあげたのである。

森先生の『バビロンの流れのほとりにて』にはじまるシリーズの最終巻は「砂漠に水湧《わ》きて」となるはずであったが、二人のあいだにできた最初の男の子に「湧生《わくお》」という名前をつけた。そのことは、僕にとっても嬉しいことであったのである。

◇ 森有正の内部に秘められた欠陥があること

森先生という人に「偉大」という言葉を使ったが、「偉大な人」にはその反面において欠陥がある。

つまり、大きなマイナス面が必ずある。

千円札には、「野口英世」という人の写真がプリントされているが、彼は医学者としては立派な仕事をしたが、人格的には大きな欠陥をもっていた。しかし、彼の立派な業績によってそのマイナス面が帳消《ちょうけ》しになっているのである。これまで読んだ伝記作品のなかでもっともすぐれているのは渡辺淳一の『遠き落日』上・下(角川文庫)である。この作品をぜひ読んでいただきたいと思う。これは「野口英世」についても、また「森有正」についても言えることだと思うのだが、偉大な人は立派な仕事を仕上げるまえに、徹底的に自分の仕事中心に行動せざるをえないがゆえに、第三者から見れば、自分勝手なエゴイストにどうしても見えてくるのである。

これは旧貴族に特有な欠陥であろうが、たとえば、森先生のお母さまは徳川本家の娘で、台所の仕事とか、風呂場の掃除などはするはずがない。それは当然のことだ。当時のお手伝いさんは良家の「女中」になることで行儀見習いができるので、お手当などを要求するひとはいなかった。では、お母さまはどういうことをなさっていたかというと、ピアノのお稽古をしたり、着物の整理をしたりしていた。森先生はオルガンの練習を始める前はピアノの練習を、お母さまの指導でやっていた。お母さまの先生は幸田露伴の妹・幸田延であり、当時としては有名なピアニストであった。少年の時の森先生はピアノの鍵盤の上に手をおく。その手の上に母の美しく、白い手がそっとおかれ、ピアノの音がでる。ここにはかすかながら母と子のあいだの肉体的接触があった。世間の母と同じような抱擁的な愛ではないが、明らかにこれはお母さまの長男に対する愛情の表現であったのである。「いつも静かにしている母の沈黙」が少年にとってはもどかしかったかもしれないが、いずれにせよ母と少年のあいだにおけるかすかな接触があったことは間違いない。夫婦のあいだの会話も、普通の人たちから見れば、極端に少なかった。しかし、それが旧貴族の慣習でもあった。一番家庭らしい光景は、しばしば、森明先生（父）がヴァイオリンで演奏し、妻（お母さま）がピアノで伴奏をする。これが一番家族らしく、美しい光景であった。実をいえば、お母さまはヴァイオリンを有名な先生から訓練されていたから、かの女は明先生よりもはるかに上手にヴァイオリンを弾くことができた。しかし、かの女はかたくそのことを隠《かく》していた。そして父のヴィオリン演奏の際のピアノ伴奏に徹していた。そこには、妻の夫に対するやさしい思いやりがあるではないか。父明は幼いころからひどく病弱で、公立の学校にもいけなかった。そこで、学校教育を受けていない欠点を補うために独学で勉強し、帝大を卒業した学生と同等ぐらいの学力をもつようになっていた。とくに、英語とドイツ語が得意で、書棚には洋書がギッシリつまっていた。父明は病気のために早世した。そこで、岩倉具視《ともみ》の五女であった祖母が家長になって、家の総指揮をすることになった。こういうときにも、おちぶれた徳川家の出身であることを自覚してか、お母さまは控え目でいらっしゃった。しかし、長男の有正先生が東大一年のときに肺結核になったときは、お母さまが必死に看病なさったことは妹さんの本に書かれてある。

森先生も偉大であっただけに、その反面における欠陥も大きかった。そのことは女性関係の面ではっきりあらわれてくる。最初の妻になる人がどんな顔をしているか、どんな性格の人であるかを調査しようともしない。あまりにも軽率な決断であった。だから浅野順一先生が「立派な人だ」と太鼓判をおせば、その言葉を信じて簡単に結婚してしまう。（牧師の浅野順一先生は筆者の結婚式の司式をやって下さった人であったが、森有正も浅野先生によって結婚式をやっていただいた。浅野先生はその意味で共通の恩人であった）。しかし、森先生は本質的には優しい人であった。長女が信州の松本という疎開先で生まれて、幼い時二歳で病気で急死したときには、悲しみのあまりに泣きつづけた人であった。長男が慶応大学を卒業したときにも、せめてお金を出して後援してやりたいと、特別の努力をなさった。

先生の妹（関屋さん）から、お母さまと奥さまのあいだがうまくいっていないことを聞き、一九五五年の六月から三か月帰国し、まず、母を妻から切り離し、妹夫妻（関屋夫妻のこと）のところに預かってもらうことにした。そして、長年《ながねん》の形だけの最初の妻との結婚関係を解消し、妻が長男と一緒にくらしたいという意志だったので、それを許し、次女をパリの彼のアパルトマンに引きとることをきめた。ただし、長男は慶応大学を卒業した後、運輸会社に就職したが、やがて良縁をえて結婚した。評判では、億万長者のひとり娘で、ひく手あまたであったが、父親は自分の財産をねらう候補者をすべて排除して、森家という光栄ある旧貴族とつながるやさしい性格の長男を娘の夫として選んだのである。性格がよいというか、おっとりとしていた長男（有順）を、森家の名前はそのままにして豪勢な邸宅の一員として迎え入れる。貧乏な母はひとりだけ、元のアパートに住むことになった。つまり、母だけは長男の家から排除された。新婚夫妻はパリにある父のもとに行き、そこで結婚式をあげ、父有正をたいそう喜ばせたようである。

森先生は帰国したとき、今では古い、粗末なアパートで孤独な余生を送っており、眼も不自由になっていた昔の妻の窮状を知って、なにか自分がしてやることがないかと考えた末、かの女のために性能のいい電子オルガンを買ってやった。熱心なクリスチャンであるかの女はそれで賛美歌をひくことに熱中した。それはかの女にとって唯一の、楽しい時間であったのである。かの女も森先生が亡くなってから半年して、まるで先生の跡を追うかのように、重病で亡くなってしまった。

◇父と娘の悲劇について

森先生は一九六七年に、パリ大学の附属東洋語研究所（のちにそうなるが、その当時は東洋語学校と呼ばれていた）に就職することがきまった。そこで、収入面は安定し、これまでやってきた邦文をフランス語に訳すというアルバイトから解放された。

そこへ、小学校を出たばかりの娘がただ一人、シャルル・ドゴール空港についたのである。それを迎えに行った先生は、孤独な娘のあわれな姿を見て同情せざるをえなかった。そのためかの女のフランス語教育に熱中した。最初に語学校に二年通わせ、その後は小学校の高学年に入れた。それから中学校、高校、大学と順調に進学し、大学院では異常心理学を専攻することにきめ修士課程にはいった。そこまでは順調であった。

優しい先生が突然変身したのは、彼がパン屋の娘であったフランス人の女と突然、結婚してしまってからである。二回目の結婚においても、一回目の結婚と同様に、あまりにも軽率《けいそつ》であった。女が少し美人であるというだけの理由でその気になってしまった。もっと慎重に、女性の経歴や素質《そしつ》を調査してからきめてもよかったはずである。これまでかの女が結婚しなかったのはどういう事情であったか。かの女に一人娘がいるのは、どういうわけなのか。そんなことはおかまいなしに、先生は結婚に直行してしまった。軽率な行為としかいいようがない。

結婚後わかったのは、かの女が大酒飲みで酔《よ》うと暴力的になるということである。また、かの女はレズビアンで、女の恋人が時々かの女のところへやってくるということだった。最初の夜は一応セックスを許したが、その後は拒《こば》みつづけた。要するにかの女が男と結婚したのは、自分が普通の女であること（つまり、正常な家庭婦人であること）を装《よそお》うためであった。女の子が一人いるのはゆきずりの男に接近して子供を生む目的だけのために交わり、女の子を産《う》んだ。森先生は旧貴族の家柄で、心が優しく、おまけにパリ大学のプロフェッサーであったことがかの女の虚栄心を満足させた。しかし、かの女に困ったことが一つできた。つまり、娘から見れば、自分にはじめてお父さんができたことが嬉しくてしかたがなかった。先生は義理の娘にあくまでも優しく、つねに理解があった。そういう娘が、生れてはじめてできたお父さんを熱愛することになるのは自然の勢いであった。いくらか精神に異常をきたしていた妻は、娘を新しい父親に奪われることになるかもしれないことを極度に怖れた。当時のフランスは父権の強い時代で、その気になれば、先生が娘を自分の権力下におくことは可能であったらしい。（ただし法的な問題は、正確には僕にもわからない）。妻は女友達しか本気で愛してはいなかったので、その家庭には女性原理のみが支配していた。その点において義理の娘の心に不安定が生じた。娘は家庭を出て、新しい義理の父と一緒に暮らすことを切望していた。帰国した時、先生は私の家に来られてそういう情況におかれている今、自分がどんなに悩んでいるかを詳細にお話しになった。

僕の木造の家の隣に精神科医の姉（長谷川美紀子）が鉄筋コンクリートの家に住んでいた。先生を姉の家の客間にお通しして三人で話し合った。先生は今、どんなに苦しい境遇におかれているかをくわしく姉に説明なさった。姉はいっぺんに先生のファンになってしまった。何一つ自分を飾ることもしないで、ありのままのことを素直にお話しになる先生に深く感動していたのである。

「先生はパリ大学の教授でいらっしゃるのですから、少しは名誉ということを大事になさらなければいけませんよ。先生がそういう病的な女の、先生からいえば血のつながらない娘とお暮らしになるということは、先生の名誉を傷つけることになるかもしれないと思います。それに、お宅には本当の娘さんが住んでいらっしゃるのでしょ。そんなところに、フランス人であって、血のつながらない娘がやってくれば、たちまち家庭崩壊ということになりかねません。ここまでくれば、やはり正式に離婚なさることが一番良いことだと思いますよ」と姉は言った。森先生もなるほどそうだなとお考えになったご様子であった。やがて、パリに帰った先生から、「やっと正式に妻との離婚が成立しました」ということが手紙の一節に書いてあったので、僕も姉もホッとした。

こんな事件がおきたせいか、先生のお嬢さまに「父親を独占したい」という気持が強くなった。しかし先生は、そろそろ娘が自立してくれることを強く望むお気持が以前よりも強くなった。「いつも静かにしている母」（全集1・109ページ）と「僕」（森先生）とのあいだにはいつも「距離」があった。この「距離の感覚」は、幼い頃から彼の心に刻みつけられていた。つねに一定の距離においてへだてられているという「かたち」から、かなしみに満ちたやさしさが溢《あふ》れでてくるように思われた。この「母と息子」との関係が転移されて「娘と父親」ということが自覚されはじめる。人と人とのあいだはつねに一定の距離をおいてへだてられていなければならない。それがフランス人の常識であった。しかし、彼は自分と娘との関係において、つねに、いかなる場合にも、その「距離の関係」を守り続けてきたと果たして言えるだろうか。残念ながら、「ノー」といわざるをえない。

娘がパリについた時、わずか十二歳でしかなかった。たった一人で、日本からはるばるやってきたのだから、さぞかし娘は不安だったろう。先生はそう思わずにはおれなかった。シャルル・ド・ゴール空港に娘がひとり降りたった時、先生は娘があまりにも可憐《かれん》で、弱々しげに見えたので、思わず駆けよって抱きしめてやりたい気持だったにちがいない。その瞬間に、これまで守りとおしてきた「距離の感覚」を忘れ去ってしまっていたのである。しかし、それは許されるべきことではなかった。なぜなら、それがやがて、もっとも長い年月をへて、父の死亡した後娘を自殺させる結果、つまり、もっとも悲しい結果となって現われてしまったからである。とりわけ、フランスのような非情な社会において娘が自立して生き続けることを可能にするためには、「父と娘」とのあいだにある「距離の関係」を守りつづけるべきであったのである。森先生はあまりにも優しく、娘がかわいそうであったがゆえに、自分にとって本来的なものである「距離の感覚」を見失ってしまっていたということが真相なのである。つまり、〈あるべき形〉と〈ある形〉が完全にとりちがえられてしまっていたのである。ドイツ語で言えば、これは明らかにSollen（あるべき）とSein（あること）の混同である。その証拠がある。自分のアパートの隣の小さな部屋を借りてやり、娘をそこに住まわせ、なんとかして自立の感覚を植えつけようとした。ずっと父と一緒であるからこそ守られてきた自分の安定の根拠が失われてしまったのだから、娘は本当は死ぬほどいやだったのである。感覚的にはそうだったが、自分の自立のためには仕方がないということを理性によって納得した。つまり、ゾルレン（ねばならない）の論理には服従していたのである。

日本の社会では、母と息子、父と娘とのあいだの距離感が欠如しているために、しばしば悲劇がおこる。

娘が余り僕を愛しすぎぬよう気をつけなければならない。かの女は自分で自分の道を見出さなければならない。僕の内面は一切かの女に影響をあたえてはならない。友人も恋人も、相談相手も父の外に求めるようにしなければならない。（中略）いつも静かに存在している父。僕はただそれだけで、その框《わく》をこえないように全力をあげて努力しなければならない。（全集１・３８８ページ）

そうあるべきだということは森先生もはっきり自覚していた。しかし、実生活では、つねにそのゾルレンを裏切っていた。そのために娘は知らず知らずのうちに、森先生に甘えて生きるように習慣づけられてしまっていた。森先生が亡くなったあとも、そういう生き方を変えることができずに、いわば、悲劇（自殺という最悪の事態）に向って進んでゆく以外の新しい自立への道を自ら発見する力はもちあわせてはいなかったのである。森先生が自ら死に直面したときに、自分の信念を、いわばゾルレンとしての生き方を見失ったまま、つまり娘とのあいだの一定の距離をおくべきだという使命をもはや自覚することなしに、自分ひとりの生き方だけを生きつづけたのだとすれば、やがて娘の身の上に不幸な事件がおきることを予想せずに、きわめて安らかに死んでいったにちがいない。しかしそれは哲学者としてはとりかえしのつかない、恐ろしいことだったのである。

森先生は、日本へ帰国することを計画されていた。そこで、一九七六年の六月に館長をやめることを決断されていた。そして、新しいアパートに、念願の小型のパイプ・オルガンをすえ、少くとも三か月は東京から帰ってきてそこに住む計画をたてておられた。しかし、病気がいつ発生するかわからない、非常に危険な情況に先生はおかれていて、東京とパリのあいだを往復することが先生の今の健康状態で可能かどうか、もはやだれにも断定することができない状況下にあったのである。

僕は、折角用意しておいたパイプ・オルガンを組みたて、これを演奏する機会はもう先生には二度とこないかもしれないという予感をもっていたが、そのいやな予感が当ってしまった。

森先生は娘さんに対し、「おまえがいつまでも依存的のままで自立できないかぎり、僕はお前のために二十年も三十年も生きつづけてやらなければならないことになる。しかし、僕は札幌医科大学病院の和田武雄先生によって発見された持病が再発したら、たちまち死んでしまうことになるんだよ。その時、お前が自立できないままでいたら、このまま生きていけるかどうかわからない。それがあるから、少しでも自立への道を歩きつづけてほしいのだ」。そこまでいわれたら「それがお父さんの私への本当の愛情である」ことに気づかれたにちがいない。

それをぶちこわしてしまったのは、森先生自身だったのである。前から、パリの大学都市の中にある「日本館の館長」の地位につきたいと願っておられた。館長になるためには、夫妻でそこに住んでくれるということが必要条件であった。「先生の場合、厳密にいえばその条件をみたしてはいませんが、丁度、すでにソルボンヌ大学を卒業した娘さんがおそばにいらっしゃるわけですから、館長として娘さんと一緒に生活していただければ、ほぼその条件をみたすことになります。その条件をみたして下されば、館長として森先生を推薦できます。」このようにいわれれば、森先生としては次のように答えざるをえなかった。

「もちろん、娘も私と一緒に日本館で生活させます。ですから、私を館長としてのすべての条件をそなえている人間としてご推薦いただければ私としては大変ありがたいと存じます。」

どうして日本館の館長になることに先生がそれほど執着なさったかといえば、パリ大学の客員教授としての収入の他に館長としての手当てが加算され、おまけにアパート代が倹約できるわけだから、経済的にかなり豊かになる。しかし先生はその豊かさを入手することの代償として、「恐るべき損失」(というか、一つの悲劇)がおきうることに少しも気付いてはおられなかったのである。

意地の悪い評者として言わせていただけるとするならば、森先生はそれを無意識の結果であるにせよ、自分の快楽をゾルレンとしての義務に優先させておしまいになったのである。厳格にいえば、これは哲学者としては告発されてもいいことである。娘の幸福を本当に考えるならば、やはりかの女の心のうちに「距離の感覚」をうえつけ、自立することの喜びによって生きる道を指示しつづけるべきであったのである。まことに残念ながら、森先生は日本的優しさの感情に流されてしまっていて、厳しい父親としてのあるべき態度を断乎と示すことができなかったのである。

あとせめて半年でもいいから、先生のいのちが残っていれば、先生と娘さんのお二人が一緒に帰国することができ、おふたりとも主たる生活拠点が東京に移ってしまっているわけだから、お嬢さんの悲劇を避けることもできたかもしれない。だが、運命はそのようにうまくいくことを許さなかった。先生は経済的豊かさを入手することの代償として、恐るべき人間的損失がおきることに少しも気づいてはおられなかった。そういう損失というか悲劇がおこるのは、先生の死後かなりの時間がたってからであったので、先生はそのことを予想することなく、幸せにおくらしになることができた。

こういうことをいう僕は、森先生に対して過酷《かこく》でありすぎることは充分自分でも気付いている。けれども、僕は先生をあまりにも慕いすぎていたがゆえに、先生の偉大さの反面にあるエゴイズムを語らざるをえなかった。この程度のエゴイズムならばだれの心の中にもある。

もちろん、僕の心の中にもエゴイズムがあることは十分承知している。しかし、僕には先生を理想化せざるをえない弟子の気もちがある。だから、こんなにも先生のマイナスの一面を強調せざるをえなかったのである。

第10章　森有正と大森荘蔵

◇デカルトの神秘的直観

僕はいろんな点で、森有正先生の影響をうけてきた。しかし、森先生の思想のすみずみまで模倣《もほう》してきたわけではない。先生とめぐりあい、デカルトやパスカルの勉強にむかう方向づけを与えられた。しかし、それから先は自分自身の哲学を作り上げるために全力をあげてきたのである。もちろん、伊藤哲学を完成させることを意図しているわけではないことはいうまでもない。人はだれでも哲学の探求の途上にあるだけで、究極にいたりつくことはできるものではない。森先生も、哲学的真理を探究する途上において、異国で客死された。森先生の偉大な資質を知っている立場の人間からすれば、かなり大きな仕事ができるはずであったのに、それがあまりにも未完成であったから、まことに残念でならないのである。しかし、それが人間という有限な存在者である哲学者の運命というものなのであろう。

森先生は、『生きることと考えること』（講談社）の中で、「経験と思想との基礎である感覚は、決して人工的に動かしたり、変化させたりすることはできない。それと物とを直接に触れさせて、あとは自然の成熟にゆだねなければならない」と指摘しておられる。

デカルトの思想の中には、経験というものをひじょうに大事にする考え方があると同時に、一方において、感覚を精神からできる限り遠ざけるということがあります。精神を感覚や想像力から抽象すると同時に、それらを総合していく操作をしているわけですが、こうしたデカルトにおける感覚というのは、抽象化された感覚です。（55ページ）

また森先生は、最後の『デカルト研究』（東京大学協同組合出版部、一九五〇年）の中で、次のように語っている。

デカルトの自覚的思惟体系が神の本体論的証明を、すなわち、完全者の観念がそれ自体の中に存在を含蓄していることを、かくて、エゴーの自覚は、実は、神の証明を論理的に前提してはじめて可能になることが明らかとなった。けれども、デカルトにおけるこのイデアリズムは、決して、直接的に、はじめから与えられたものではない。この我の自覚、更に、その論理的存在論的根拠である神の存在の自覚は、精神の特殊なる自己精錬と不撓《ふとう》の方法的努力の後に、はじめて獲得されたものだという点が極めて重要である。（中略）この事柄を端的に示すものは、次の引用である。「しかし、ともかく、私が結局どのやうな証明の論拠を使用するにしても、つねにこのこと、すなはち、ただ私が明晰かつ判明に知覚するもののみが私をまったく説得するということに、帰着するのである。」(『省察』第五)。ここで明らかに述べられているように、「私が明晰かつ判明に知覚する」ということが、自己の意識が真理の基準となっているのである。(全集10・293〜294ページ)

ここからは僕の言葉で語る。今日の哲学者ならば、デカルトの本体論的証明の論理においてはかならず、神秘主義的直観が働いていることを容易に指摘することができるだろう。デカルトの合理主義的体系を現代の哲学者が厳密な論理的分析によって解明していくならば、デカルトの合理主義体系の未完結性を指摘せざるをえないことになるだろう。しかし、十七世紀の哲学者ルネ・デカルトの偉大さを否定するものはいないだろう。

◇神秘主義の根拠について

ウィトゲンシュタインは次のように語った(野矢茂樹訳『論理哲学論考』岩波文庫版)。

六・四四　神秘とは、世界がいかにあるかではなく、世界があるというそのことである。

永遠の相の下に世界を把えるとは、世界を全体として——把えることにほかならない。

六・四五　限界づけられた全体として世界を感じること、これが神秘なのだ。

ウィトゲンシュタインはさりげなく「感じること（Gefühl）」という。しかし、これは語ることも示されることもできない。このことによって、論理空間の限界はただ感じとられるしかないのが、神秘なのである。

『論考』の独我論に対して「存在論的独我論」という言い方を私はしたが、この神秘に対しても、「存在論的神秘」と言うことができるだろう。（野矢茂樹『ウィトゲンシュタイン「論理哲学論考」を読む』哲学書房、248ページ）

現代の哲学者は、このように「存在論的神秘」について語っている。「語りえぬものについては沈黙せねばならない」というのが『論考』の結語であるが、「神秘に直面したとき、人は沈黙せねばならぬ」と言われるかと思ったら、意外にも語ることができるというのである。ただし、「倫理の必然に迫られて語らざるをえない」というのが、この若い哲学者の結論だったのである。しかも六・四二一で、「倫理は超越論的（transzendental）」といわれる「神秘」は、あくまで「存在論的神秘」といわなければならない。それは超越論的な倫理にかかわる問題であるゆえ、哲学者は神秘について語らなければならない。もしそうだとすれば、森有正が「デカルトの神の本体論的証明」において、そこに神秘があることを認めながら、神の本体論的証明において、無限に完全なる存在者である神が実在することを明晰判明に認識したことを認めることは妥当ということになる。なぜならば、神が存在するか否かは、明らかに人間の生か死か（to be or not to be）という、まさに超越論的な倫理の問題であるからである。このようにして、デカルトの神秘主義論的な本体論的証明についての議論が、現代の学者からみても妥当であることが承認されたことになると思う。これがもしカントのいうような「かのようにの哲学」であったとしたら、森有正も僕もがっかりということになる。つまり、「神が存在するかのように」神の実在を承認するというような論理にとりつかれるならば、見事にだまされたということになる。おそらく野矢さんの語るウィトゲンシュタインが超越論的な倫理問題において、「かのようにの哲学」というような欺瞞的論理を優先させることはしないと信じる。ちなみに、「かのように」は、森有正ではなく、森鷗外《おうがい》（本名、森林太郎）の小説の題名として有名である。

僕はウィトゲンシュタインの勉強をするために、少し恥ずかしいことであったが、僕よりもはるかに若い野矢茂樹氏の『論理哲学論考』を精密に読むゼミに一年間近く参加したことがあった。野矢茂樹氏を敬愛していたから辛うじて勉強をつづけることができたが、僕は古い人間で、形式論理を勉強してはきたが記号論理を自由に駆使して議論をすすめる能力が欠如していた。駒場の科学哲学を専攻する学生のほとんどが物理学や数学を専攻してきた学生なので、次々に数学的記号を用いて、黒板に自由奔放に、新しい記号的論理の図式を書きつけて議論をすすめるために、自分が時代遅れであることをいやでも思い知らされねばならないことは必定《ひつじょう》であったのである。

◇　天地有情の哲学

森先生と考え方の正反対な大森荘蔵先生の哲学と対比することによって、森哲学の独自性がはっきりしてくると考えている。

僕は大森荘蔵（一九二一～一九九七）の八年下の後輩で、東大哲学科の助手であった。当然、教授や助教授にはあまり頭があがらない。当時、僕は結婚したばかりで、妻は女子大の四年生であった。だから、翌朝、学校に通学するはずであったから深夜までお酒を飲んで、哲学の議論をつづけられるのは正直いって迷惑であったはずである。しかし、妻は迷惑顔をしたことは一度もなく、いつまでも笑顔でサーヴィスしていた（一九六〇年の頃の出来事）。

大森さんと山本信さんの議論（『哲学の饗宴――大森荘蔵座談集』理想社、一九九四年）の中では、コップのことがよく例にひかれ、それがあるというのは、物（コップ）が単なる認識の対象としてあるのか、それとも、ただたんに、〈知覚的たちあらわれ〉（そのころの大森用語）があるだけなのかということだけが議論されていたが、僕は、そこにはつねに大事なものが欠落していると思っていた。

僕は最初の著作『危機における人間像』（理想社、一九六三年）の中において、次のように書いている。

事物と私との間にある冷たい距離をとりさることによってのみ、周囲にある《物》をたんなる認識の対象としてではなく、ある情感に包まれた物として共感したり、ある使用目的にさしむけられた道具として使用したりすることが可能となるのである。ところが、もし、事物を私から一定の距離をへだてて存在する、たんなる認識の対象とのみみなし、この事物と私との一定の距離をどこまでも保持するときには、事物と私との間の生ける接触が失われ、事物の現実感は次第に稀薄になってくる。(18ページ)

大森さんの近著『時は流れず』に、次のような面白い言葉がある。

過去の意味をとらえようとするときに何よりまず第一に排除しなければならない先入観がある。それは、想起とは過去の知覚経験の再現または再生であり、そのためにその知覚経験は記憶のなかに保持されていなければならない、という人間の根底にまで食いこんでいる先入観である。しかし誰でも自分の想起体験を思い返してみれば、そこに知覚経験のかけらもないことに直ちに気づくはずである。昨日の食事や歯痛を思い出すときに、その美味のかけらもなく痛みのかけらもないだろう。そして思い出すとは「うまかった」、「痛かった」という過去形命題であることを承認するだろう。先入主を排除すれば、想起とは命題的であって知覚的でないことがくもりなくあらわれてくるのである。(『時は流れず』青土社、一九九六年、20〜21ページ)

僕もこのことをある限界内で承認する。だが僕の考えでは、想起というのは命題的であるよりも、情念的であると思う。人が怒りににえくりかえっている時、たとえば、自分の妻を奪ったものへの憤《ふん》怒《ぬ》がその男のことを何度も思い出させる。それが自分の友人の一人であったとすれば、あのとき、彼が妻と一緒にいたときの気配《けはい》を何度も想起していたにちがいない。怒りとか、悲しみとか、芥川賞の受賞の喜びとか、逆に入賞しなかったときの落胆はいろいろなことを想起させる。

僕の場合、過去の記憶とは、現在の自分に都合よく整理し、再構成したものであることが多い。しかし、世には僕や大森さんのような老人だけしかいないわけではないことを銘記すべきであろう。昨日の食事の味どころか、十年前の舌ざわりや香りまで言語化以前の追体験として、まざまざと想起できる人もいるのである。

十年前、この同じレストランの、そう、この部屋だったわねえ。あなたはそちら側に座り、私は今と同じこちら側で、右側の棚の上には白い蘭の花が生《い》けてあって、その香りがいまでもただよってくるようだわ。前菜はハムで巻いたメロンとサン・ジャック・コキーユのソティ、そして冷製のポテト・スープ、メインはローズマリーのスパイスをきかせた羊肉のグリルと舌平目《したびらめ》、その味のおいしさは今も口一杯にひろがってくるの。あなたは紺の背広に淡いピンクのネクタイ、私はボルドー色のベルベットのスーツとシルク・ジョーゼットのブラウスで、水晶のイアリングをしていた。〈ヘリオトロープ〉の甘い香り。あの頃、それがたまらなく好きだった。

十年前の同じ場所で再会し、かの女の語る香り、匂い、味、触覚、味覚、視覚の再現を聞いていたら、あのときの知覚風景の再現には、その時の纏綿《てんめん》たる情緒がまとわりついていて、知らず知らずその時の共感し、愛しあっていたそのままの情緒が生き生きと甦ってきて、僕も確かに過去の思い出の中に生きていた。どうしてそれが命題集合などでありえよう。確かに僕たちは十年前にともに感じた情緒をまるで昨日のことのように再現することによって、〝共同情感性〟の中に生きる幸福《しあわせ》に酔っていた。かの女は確実に、正確に、十年前のその瞬間の知覚風景を再現させ、言葉ではとても表わしきれない纏綿《てんめん》たる情緒の共有の経験をなまなましく感じさせてくれた。

大森さんはわれわれの過去の経験を知覚的相においてのみとらえるから、それらがすべてたんなる知覚的命題の集合に還元されてしまうのである。もしも、過去の経験の情感的相にも目をむけるならば、その共感の様相のすべてをたんなる命題集合に還元できるとは考えなかったはずである。

われわれの意識経験がたんなる私秘性の中に閉じこめられているように錯覚するのはどういうわけかといえば、その知覚的相と相関する情感的相を殊更、捨象してしまうからである。あるとはたんに知覚されてある（esse est percipi）ことではなく、同時に情感されてあることである。バークリーは大森さんの錯誤を導き出した元凶であった。われわれが共同情感性のうちにあるかぎり、独我論に陥る危険性などありえようはずがない。われわれは単独の自我として、つまり、エゴ・コギトとしてあるのではなく、愛する人「ともにある存在」なのである。広松渉《わたる》までもが、世界の共同主観的存在構造についてめんめんと語りつづけなければならなかったのはなぜか。フッサールと同じように純粋意識（自我）から出発するがゆえに、独我論的世界の中に閉ざされはしないかという恐怖感から免れることができないからである。僕のいう根源的情感性にたちかえって考えさえするならば、世界の共同主観的存在構造についてくどくど論ずる必要はないはずである。世界の中に、他者とともにあって纏綿《てんめん》たる情緒を共有しつつ生きる。それが健全な常識人の生活感覚というものなのだ。

高層ホテルの最上階にカクテル・ラウンジがある。そこの柔いソファの上で、愛しあう二人がともに輝くダイアモンドがちりばめられたような夜景を黙って眺めているとき、言葉では表わしがたい親和的情緒、あるいは深い安らぎの感情が生まれる。もしも恋が破れ、思い出のソファに一人だけでいるとすれば、そのような温い、親和的共感はけっして生まれないだろう。一緒にいたときの幸福感が失われているだけに、なおさら冷え冷えとした孤独感に襲われるにちがいない。隣の空間があいていて、虚《うつ》ろな目でひとりで眺めた夜景はただ、もうろうと霞《かす》んで見えるだけで、かつての燦然《さんぜん》とした輝きは失われている。しかし、今は違う。僕の隣には、まるでよりそうように愛する人がいる。些細な誤解がとけて、ふたたび同じ場所にやってきたのである。その人は私のそばによりそうようにしている。この時の私の心はたんなる知覚的相においてではなく、同時に情感的相において、深く満たされた気持においてである。

今後は、僕の『哲学辞典』から、純粋意識とか共同主観性（Intersubjektivität）という言葉を抹消したいと思う。われわれの意識経験を知覚的相に限定して考えるかぎり、世界—自我という二極構造に分解していくことは不可避である。ある山岳風景、あるいは街頭風景の中にあるとき、見る私と見られる対象世界の二者への二極分解がおきることはだれにも理解できる。見る私の意識はどこまでも広がっていって対象世界全体を自分のうちに包みこもうとする。その意識世界が私秘性をもつかぎり、他者はそこにはいり込む余地はない。他者の意識経験の中にも、私ははいり込めない。モナドは窓をもたないということになる（ライプニッツの哲学）。私と他者が相互に通じあう世界を共有するためには、共同主観性というものを立てざるをえない。超越論的主観、あるいは純粋意識の立場にたつ以上は、それ以外に解決のいとぐちをみつけだせない。ところが、私の意識が知覚的相をもつとともに、同時に、情感的相をもつことを顧慮しさえすれば、すべてのアポリアは消失する。なぜなら、情感性はもともと根源的に共同的なものであるからである。

『時は流れず』は一九九六年九月一〇日の出版であった。おそらく、入院前に書かれたものと思われる。そして、同じ年の十一月十二日の朝日の夕刊に「天地有情論」の文章が書かれた。それはおそらく入院の直後のことだったと思う。

「自然と一体」などという出来合いの連呼に耳を貸す必要はない。
我々は安心して生まれついたままの自分に戻れば良いのだ。其處《そこ》では、世界と私は地続きに直接に接続し、間を阻むものは何もない。

梵我一如、天地人一体、の単純明快さに戻りさえすれば良いのだ。だから人であれば、誰《だれ》でも出来ることで、たかだか一年も多少の練習をしさえすれば良い。

大森荘蔵さんの断定はまことに明快である。

事実は、世界其《そ》のものが、既に感情的なのである。世界が感情的であって、世界そのものが喜ばしい世界であったり、悲しむべき世界であったりするのである。自分の心の中の感情だと思い込んでいるものは、実はこの世界全体のほんの一つの小さな前景に過ぎない。此《こ》のことは、お天気と気分について考えてみればわかるだろう。雲の低く垂《た》れ込めた暗鬱な梅雨の世界は、それ自体として陰鬱なのであり、その一点景としての私も又《また》陰鬱な気分になる。(中略)

簡単に云《い》えば、世界は感情的なのであり、天地有情なのである。其の天地に地続きの我々人間も又、其の微小な前景として、其の有情に参加する。それが我々が「心の中」にしまい込まれていると思いこんでいる感情に他《ほか》ならない。

僕は感動した。ついに、大森哲学もここまで深まるにいたった。そのことを喜ばざるをえなかった。「科学哲学者としては恥ずべき発言である」というように批判した人がいたようであるが、それこそが恥ずべき言葉である。それは大森さんに反感をもち、大森さんの権威をつきくずしたつもりの愚かものである。これは、大森さんの人生最後の言葉である。それは尊重されなければならない。たしかに、それは神秘主義の領域での言葉であるということはできよう。しかし、近代合理主義の父と呼ばれるデカルトさえが、合理主義的論理によっては「語りえざるもの」——それを神秘主義哲学の立場から語っているのである。

大森さんの「天地有情論」には、長年の苦闘の末に悟りえた安心立命の境地がある。死を前にして初めて会得した悟りが見られる。

しかし、これまで書かれた著書にかんしていえば、大森哲学は「天地有情」を無視し、知覚的世界の構造を分析することに終始していた。僕は「世界そのものが感情的であること」を言いつづけ、大森さんは僕のそういう発想を無視してきた。

われわれが共同情感的相のうちにあるかぎり、そこにごく自然に親和的共感が生まれる。僕らは同時に深い安らぎの共感を呼吸している。その時眺めた夜空のわずかな星でも輝くばかりの美しさだ。それこそが、まさしく僕が〝共同情感性〟と呼んだところの根源的事態なのである。

地上にありて
愛するものの伸張する日なり。
かの深空にあるも
しづかに解けてなごみ
燐光は樹上にかすかなり。

いま遥かなる傾斜にもたれ
愛物どもの上にしも
わが輝く手を伸べなんとす
うち見れば低き地上につらなり
はてしなき耕地ぞひるがえる。
そこはかと愛するものは伸張し
ばんぶつは一所《いっしょ》にあつまりて
わが指すところを凝視せり。
あはれかかる日のありさまをも
太陽は高き真空にありておだやかに観望す。

これは、荻原朔太郎の「愛憐詩篇」の中の「地上」と題する詩である。多くの人は、これは詩人の心にだけ宿る抒情的感想だと考えることだろう。しかし、「天地しづかになごむ」という瞬間が事実としてあるのである。われわれの経験的事実に即していえば、「天地しづかになごむ」ということのほうがありのままの事実なのである。

◇ 反復強迫としての時間

『時は流れず』で、大森さんはこういう。

過去とは経験を超越した何か実体的なものではなく、言語的制作物である。（9ページ）

過去とは過去物語りである。しかし、あまた作られてきた虚構の物語り類と全然違って制度的真理性をもつ物語りである。（29ページ）

つぎの節にくると、僕は断然、反論したくなる。

過去の実在性というとき、いったい何が意味されているのか、いったい何が意味できるのか、それが曖昧なのであり、この曖昧さが過去の実在性の問題が実在論者にさえ無視されがちだという事情を引き起こしているのである。

過去の実在性は何かと一応の問いをたてるとき、人がとかく陥るのは現在の知覚世界の実在性で一応代用しておこうという横着な態度である。現在世界の実在性ならばとにかく何とか了解されているのだから、その実在性を過去のほうにずらせばそれが過去世界の実在性になるだろう、という軽率な考え方で事がすむだろうというのである。これは、知覚なら万事承知だから知覚で代用できそうなところは知覚を原料にして多少手を加えるという、第一節で「知覚未練」と呼んだ傾向にほかならない。（33ページ）

大森さんはつねに現在の知覚経験を基準に考えるから、過去がわからなくなってしまうのである。人間は習性をもっている。慣性原理といってもいい。つねに過去にひきずられ、過去を反復しつつ生きているのである。「知覚未練に生きており、そこから出発するから過去が見えてこない」というのは、現在の知覚世界を眺めているだけで、自ら行為する問題場面を殊更無視している。だから時は流れず、過去は消えてしまう。過去探しをしても、本当の過去はどこにもなく、過去物語しか見つからない。どうしてそういうことになるかというと、現在、どう生きるべきかという行為的立場にたって物を考えないからである。行為的立場にたてば、知らず知らずのうちの自分が過去を反復しているこ とに気づかざるをえない。それを内心嫌《いや》に思いながら、やりたくもない過去を反復しているのである。大森さんは現在、病床にあるかもしれない。だから、現在の知覚風景しか見えていない。新鮮な恋愛感情に生きていわけでもないだろうから、過去を反復し、失敗を重ねながら、しかも同じことをくりかえすという人間の業《ごう》のようなものを、少くとも現在においては、体験していない。

過去とは無意識のうちに反復せざるをえないものなのである。たとえ、それが不愉快な経験であろうと、知らず知らずにそれを反復している。

神経症患者や幼児期の精神生活には、なんら快感の見こみのない過去の体験を、どうしても反復せずにはおれないという不可思議な現象がある。ジークムント・フロイトはこれを、まったく快感原則の埒外《らちがい》にあるものと考え、〈反復強迫〉という言葉でよんだ。

「反復強迫が、ふたたび体験させるものは、たいてい自我に不快をもたらすものにちがいない。な

ぜならば、反復強迫は抑圧された衝動興奮の活動を発現させるからである。」(『フロイト著作集6』人文書院、160ページ)

たとえば、これは次のような、いくつかの場面において観察される現象である。

〈外傷性神経症〉　外傷性神経症になやむ患者たちは、覚醒時には自分がうけた災害について考えないようにつとめている。ところが夜間の夢の中で、患者たちはしばしば病気をおこした場面をよみがえらせる。夢がもつ本来の願望傾向を考えれば、快癒時の映像をうつしてみせるほうがはるかにふさわしいはずなのに、思いだしたくない場面を夢のなかでくりかえし見るのである。ここで注目すべきことは、「反復強迫がなんら快感の見込みの無い過去の体験を再現させることがある」ということである。(Sigmund Freud, Jenseits des Lustprinzipes., G.W. Bd. XW. S21)

〈神経症患者〉　神経症患者はしばしば自分にとって望ましくない、苦痛な事態を反復させようとする。彼らは治療を中絶させようと努め、侮辱される感じをうけるようにふるまい、医師が自分たちに対してきびしい言葉と冷淡な態度を示すように仕向けるすべを心得ている。

こうした神経症者の反復強迫と類似した事例は、一般人の中においてもしばしば見うけられることである。たとえば、かばって助けたものからやがては必ず見捨てられて怒る慈善家がいる。彼はいろいろ人のためにつくすのだがきまって忘恩の苦汁を味うべく運命づけられている。だれかある人を自分や世間に対する大きな権威にかつぎあげ、それでいて一定の期間がすぎると、この権威を自分でつき崩し、新しい権威をかつぎあげることにまた熱中しはじめる男がいる。また、女性に対する恋愛関係が、みな同じ経過をたどって、いつも同じやりきれない結末に終わって嘆く男がいる。軽率な結婚をしたことをいたく後悔し、苦労して離婚した末に、ふたたび前の女と同じ欠陥をもった相手と結婚する男もいる。ある女はつぎつぎに三回結婚し、結婚するとまもなく夫は病気でたおれ、いつもその夫が死ぬまで献身的な看護をつづけるという星の下で生きている。いうまでもなく、その運命の星というのは自分がしらずしらずに招きよせるものである。

僕の先生で、明らかに自分が望むのとは正反対の、我が強く、自己本位の女と結婚した後、もうこりごりだと思って、苦労して離婚した後、フランスに行って、またもや同じ欠陥をもった女性と結婚した人がある。僕もまた、就職にめぐまれない後輩のために、その人が就職できるように、自分の能力のかぎり尽力したあげく、きまって手ひどい裏切り行為にあうという経験を無意識に反復している。あるいはまたある女性は、非常に悪質な男と深い仲になり、彼は借金の山をこさえているのに、性的な結びつきのために、仲々別れることができなかった。生命《いのち》の危険性もあったにもかかわらず、僕は二人の仲をひきさくために、あらゆる努力のはてに、やっと別れさせることに成功した。その後かの女は外国人に愛され、僕は結婚式において English Speech《エイゴデハナスコト》 をしなければならなかった。いま、二人は関西に住んでいるはずなのに、一枚の葉書さえ送ってこない。感謝の気持が全くないのである。

大森さんの錯誤は、すべて現在の知覚風景を基準にしてものを考えることから生まれるのである。刻々の現在はいやおうなしに過去をくりかえすことから成りたっている。過去は消してしまいたいと思っても、いやおうなしに向うからやってくる。それを受け入れてしまうのが人生なのである。人が運命と呼ぶのもそれである。それがいやと思っても、向うから襲いかかってきて、現在の自分をつかまえてしまう。人間はあきらめて、それに従うしかない。

過去から現在への流れはゆるやかなものではない。反復強迫としてやってくる。過去は流れるのではなく、いやおうなしに現在に襲いかかり、現在の自分をつかまえてしまうのである。「時は流れず」といってもいいが、過去は現在の知覚の中にではなく、現在の行為の中において反復されることによってあるのである。われわれは生活の習性の中に生き、それにしらずしらずに流されて生きている。「時はくりかえす」というのが本当のところだろう。

◇ 神秘主義の到達点

「万物流転（パンタ・レイ）」ということばは、ギリシアの哲学者ヘラクレイトスが言ったとされている。輪廻《りんね》転生《てんせい》とか無情迅速《むじょうじんそく》という考え方をする日本人には、きわめてわかりやすい思想だ。

だが、はたして、川の流れるように、時も流れるのだろうか。過去から現在をへて未来に向かって時は流れていくと普通には信じられている。ベルグソンの〈純粋持続〉durée pure というのが現に流れつつある時間を意味するとすれば、それも彼が排斥してやまぬところの空間化ではあるまいか。

もしも川が流れ、雲が流れるように時も流れるという表象がベルグソンの思索を支配していたと想定した上でのことだが、しかし、そういう空間的表象をもたずに流動という言葉を使うことはできないのではあるまいか。

大森荘蔵さんは『時は流れず』で、「このような頑固な常識に逆らうのは愚かな冒険であるに違いない。しかし私はここでこの愚かな冒険をあえて犯そうと思う」（79ページ）という。そして気を落ち着かせてこの常識を見直してみると、それは常識どころか一つの欺瞞であったことが見えてくるという。「この欺瞞の底には、時間とは動態的《ダイナミック》なものだという事実誤認があるように思われる。実はその正反対で、時間とは静態的《スタティック》なものなのだ」（79ページ）という。

◇時間は、はたして静態的なものであろうか？

僕には「時間が静態的《スタティック》である」とはとても考えられない。行為的立場にたって考えれば、時間が静態的であるわけがないのである。なぜなら、先ほども述べたように、人は無意識のうちに過去を反復するからである。人だけではない。魚も渡り鳥も過去を反復するからである。それも個体の生命があるだけではない。魚も渡り鳥も過去を反復する。産卵期が近づいた鮭が河口から上流へと、どんな困難にもめげず、激流をさかのぼって旅していくのがどうして静態的《スタティック》であろう。あるいはまた、渡り鳥のあの困難な旅のことを考えてみるがよい。

動物には本来、「外的な妨害力の影響で放棄せざるを得なかった以前の状態を回復しようとする」

傾向がある。これはフロイトが「慣性原理」と呼んだもので、いわゆる「反復強迫」とも一致する。すべての生命体のうちには、一度学んだ生活の型をくりかえし、最少のエネルギーで旧態を維持しようとする退行的、保存的傾向がある。「それというのは、動物は本能的に行動するからなのだ」といってすます人もいる。とんでもない。人間も昔やった過《あやま》ちをこりもせずまたくりかえすという傾向性をもっている。これこそまさしく慣性原理ではないか。人間は普段はそれほど意図的、計画的に生きているわけではない。人間には習性というものがあって、しらずしらずのうちに同じパターンをくりかえしている。それを本能的というなら、人間こそまさしく、動物であり、本能的なのである。

魚が産卵期になると、ふだんの棲息地からおよそ離れた一定の水域まで遡《さかのぼ》っていくのだが、生物学者の意見では、それは時がたつにつれて棲息地をとりかえてきた、その種族のいちばんもとの場所を探し出す旅だといわれる。

この反復強迫に相応する衝動が人間の場合には死の衝動だと考えられる。死の本能は成長発達過程を逆行してもとの無機状態に復帰しようとする破壊的衝動で、すべての生体は細胞の分裂、つまり、胚原形質の身体原形質からの分離によって自己を解体させ、生命以前の状態にかえろうとする傾向をもっている。これに反し、生の本能は二個の胚細胞の融合によって、複雑な生体を成長させる建設的衝動で、細胞分裂以前の状態（胚原形質と身体原形質とがまだ分かれないときの複雑な成熟状態）を徐々に再現し、複雑な多細胞組織を実現する傾向をもっているというのである。

生命を建設と崩壊の結果とみなすことは、現代の生物学が実証したことであり、生命過程のうちに相反する方向をもった二つの方向量（ヴェクター）を認めるフロイトのダイナミックな見方は、現代の人間理解の仕方に有力な指針を与えるものといえよう。ただ、難点は、フランツ・アレクサンダーが指摘しているように、崩壊の原因を死の本能とみることにある。

よく観察すれば、崩壊傾向とは、各構成部分の個々別々な、フロイトの言葉でいえば自己愛的な自己主張である。脊椎動物のような高度の生体では、構成部分が全体との関連を失うと同時に死ぬのであって、各細胞が極度に特殊化され、相互に依存しているために、個々独立して生存することができない。死はさけることのできない結果であって、かならずしも破壊傾向の目的ではない。(アレクサンダー/加藤正明・加藤浩一訳『現代の精神分析』筑摩書房、50〜51ページ)

生体が機能を極度に分化し、特殊化して、細胞組織の各単位の相互の依存が増大すると、各単位は独立能力を失って、分裂は必然的に死をまねく。しかし、分裂は死を目的としてめざしているのではなく、たまたま避けられなかった結果として死に導かれる。分裂して独立した各細胞単位は慣性の原理に従い、自己の本性をまもって生きつづけようとしているのである。このようにみてくると、死への傾向が生体のうちにもともと内在しているというよりも、むしろ自己を生かそうとする建設的エネルギーが方向を転じて、自己を解体させる力ともなるのだと考えるべきであろう。

このように、人間のあり方を行為的場面においてみるとき、大森さんのように、時間とはスタティックなものと考えることは無理だと思う。生命のダイナミックスというものに注目しないわけにはいかない。

大森さんは知覚経験の想起においてのみ、過去的時間を考えている。日常の健全な生活者の経験は、そのような知覚的相に限定したものとして考えるべきではない。知覚的相においてあるものも情感的相においてもみられなければならない。ずっと昔、子供の頃に行ったことのある同じ場所に佇《たたず》むとき、突如としてあの時の記憶がまざまざとよみがえってくる。大垣市の中学の校庭から見たとき、もうもうと煙突から白い煙を発している工場地帯を見たことがあるという記憶が突如よみがえってきた。

過去から現在をへて未来へと流れていく線的時間は、いうまでもなく虚構にすぎない。いかなる時間も線的に表示することはできない。ベルグソンのいったとおり、それは空間的に表象されることはできない。点的に時刻表示された時間も虚構にすぎない。


「境界現在」は、現在経験の影武者にさえなれないほどに貧困なしろものであって、「現在経験」という生の豊かさに満々としている「現在」に近似することもできない。(『時は流れず』100ページ)

大森さんのいうところの「生の豊かさに満々としている現在経験」というものが、一体どこにあるのだろうか。今経験したことはすぐ次の瞬間には過去となってしまう。過ぎゆく時をも包みこまなくて、どうして「満々とした現在」がありえようか。過去は無意識という大海の奥底に住みついていて、私の現在の経験をとらえて離さない。だからこそ、神経症者はあれほど苦しみつづけるのである。

大森さんの最後の文章となった朝日新聞のエッセイは、「天地有情」について書いたものであった。そして森さんの思想を一言《ひとこと》で表わすものは、この天地有情以外ではありえない。そのことをわかっていただくために次の文章を記す（それを一部分前に引用したが、それをもっと完全な形で次に語る）ことで、僕の「森有正論」の終りとしたいのである。

◇森有正の神秘主義の哲学

彼はその年（一九五九年）母の死後、南フランスのソミエールに出掛けて行った（十月）。

僕はモビレットを道傍に置いて、草の上に仰向けに倒れた。目を開いた瞬間の感動を何に譬えたらよいだろうか。そこには無数の星辰の燦《きら》めく南国の空が、ほとんど手がとどきそうに、低く、ひろがっていた。こんなに美しい星空を僕は何年見たことがなかったのだろうか。切れ切れな想念が僕の頭に群《むら》がった。しかしつかれ切っていた僕は、そのどれをも追って行く力をもっていなかった。（中略）星空は容赦なく下りて来て僕を包んだ。それは祈りを呼ぶには余りに透明だった。そして非情だった。僕ののどは乾ききっていた。どこかで夜の鳥が鳴いた。犬が遠くで吠えていた。これを抱いて、この夜の苦しい行路のように、僕はこの生涯を歩いて行くのか、と思った。しかしそれは「生涯」を思うには余りに切迫した感覚だった。僕は死を想った。死は生涯の果てにあるのではなく、一つの存在が、存在そのものに純化された時、いつもそこにあるのだ。死というものは存在の純化そのものだ。そうも思った。罪責と我執。この二つの言葉は十分にその時の僕の感覚を伝えてはくれない。（中略）罪責が醒めている時、人は容易に、かくれている我執を忘れる。我執が醒めている時、人は自己の罪責の深みを忘れる。ではどうすればよいのか。僕は疲れた重い体をもちあげて、歩き続けるほかはなかった。村まで戻って、一軒だけ明かりの洩《も》れている窓をたたいた。男が出て来た。僕は一杯の水を貰い、道を教えてもらって、今度は、幾抱えもあるプラターヌが両側に立っている広い暗い道へ入って行った。

（中略）

もし僕に我執と反抗と、それから出発し、養われた一連の生活がなかったならば、「自分は生きなかった」という、どうしようもない苦しみにもだえるのではないだろうか。もしそうであったら、僕はやはり、このやるせない存在を負って歩いて行くほかはないのではないか。そしてこの感覚は、ジイドのいうあの、絶望して死ぬ、という、かれがその中で死にたいといっていたあの絶望に、何と近いものだろう。しかし、ジイドは、罪責感の方はどうしたのか。そんなものはなかったのか。いや僕はそうは思わない。かれはそれを負って逝《い》ったのだ。モーリアックは、ジイドの死んだ時、そういう意味のことを言った。ジイドは、充され、飽きたりて死にたい、と言ったが、それはこのことを排除するどころか、それを前提しているのではないだろうか。ジイドは、そんなことは口に出しはしない。この大変な靭《つよ》さ、魂の靭《つよ》さ、それはドストエーフスキーやシェイクスピアのみが描きえた、人類の魂の根源性である。（中略）

あの抗《あらが》いがたく輝く星空はかれの中にあった筈だ。DÉSOLATIONのただ中にこのCONSOLATIONを汲みとらないなら、はじめから生きなければよかったのだ。生きるということは、それが、言葉の正しい意味において、何かに価いすることだ。その価いを払うことを恐れるなら、生きることを断念するほかはない。その価いというのは、もちろん物質的、社会的な安全というようなものではない。存在の重みと、いやおうなしに迫り、眼ざしにまであらわれる不安だ。この感覚は、はじめから、あの淀橋の浄水場のそばの幼稚園の庭で、ある子供にみとれた時から、あのわびしい土手にそって歩いていた時から、僕の中に在ったのだ。そしてそれは、今、僕を、こうして、南仏の容赦のない星空の下まで連れて来てしまったのだ。だから僕は歩き続けよう。どういう空の下にか死ぬ日まで。（全集2・120〜124ページ）

森有正は神秘主義に直面するところにまでたどりついた。しかし、神秘主義の内容については語っていない。すべてはまだこれからなのだ。ウィトゲンシュタインのいうように、神秘は「語りえざるもの」ではないのである。しかし限界づけられた「全体として世界を感じること、ここに神秘がある。」僕は論理的言語によって神秘を語ることはできないと思う。パスカルがいったように、ここでは象徴的言語によって語ることができるだけであると思う。

僕は神秘家の立場で宇宙の神秘を語ろうとは思わない。あくまで哲学者である限界内において神秘を語りたいと思う。それから先のことはまだ何もいうことはできない。すべてが神秘の闇に包まれているのだから。

おわりに

辻井喬氏は「叙情と闘争」という題で読売新聞に連載しているエッセイの中で、次のように書いている（二〇〇八年八月二三日）。

ヨーロッパ人にとっては日本はユーラシア大陸の端につながる国であり、日本に住んでいる人間にとっては、成功するというのは日本にいて成功する以外ではないと思っている。

そんな日本人の〝常識〟に反する一人に、東京大学のフランス文学の助教授だった一九五〇年八月に渡仏して、以後渡辺一夫その他の帰国要請をも断わり続けた結果、帰る訳にはいかなくなってしまった森有正がいる。一九七一年の六月に出版された『デカルトとパスカル』の解説で、哲学者の中村雄二郎は、「なによりもおどろかされ、これはたいへんなことだと思ったのは、氏（森有正）の日本語の文章の、とりわけ文体の変化であった」と巻末に書いている。

デカルトとパスカルは森有正が講義で取り上げていただけに、中村雄二郎は文体の違いから森有正はフランスで生きつづけるつもりだという意思を感じとったのかもしれないと僕は推測する。作家の辻邦生が、「思想的な文学作品」と呼んだように、森有正はそのパリに住んで作品を書き続けたのである。それは経済的に恵まれない仕事であった。埼玉大学にいた伊藤勝彦教授が指摘しているように、「彼は主題や時節の変化に応じて自由に視点を変化させることができる今の評論家諸氏にくらべて、あまりにも無器用であった」のである。

実際は、この文章につづいて、僕は次のように書いている。

「どんな問題に対しても愚直といえるほど、ただ一つのことを訴えつづける。つまり、自分自身の生活と経験に深く根ざす言葉以外は無意味だというこの一事である。しかし、それが不思議なほど説得力をもつというのは、「ことばの自己回転と理解の過剰」というわが国の知識人特有の病弊との対比においてであるのだろう。」（サンケイ新聞、昭和五十二年一月二十四日付）

この後半の引用をカットしては、僕の真意はつたわらないと思うが、それが辻井氏の悪意によるものでないことはよくわかる。これは「パリに生きる人々」という題名ですでに三十一回の長期間にわたって書きつづけられたものであるから、毎回の原稿用紙は十数枚というように制約されていて、ここで終りとせざるをえなかったという事情はよくわかる。

森有正先生について書かれた文章の中で、僕がもっとも感動したのは、森先生と同じ東洋文化研究所の准教授として活動していた二宮正之氏の文章であった。長兄の二宮敬さんは、彼が東大仏文科の教授だったときに、僕は東大倫理学科の講師であったし、同じ時期にパリに留学していたから、時々電話で話しあっていた。奥さまとは東京女子大学の教授同士であったから、お話しをする機会は何度もあった。次兄の二宮さんとは先輩の成瀬治氏がパリに来られたとき一緒にパリ空港までお迎えにいったことがあった。成瀬さんはかつて北大文学部の同僚でもあった。このように二人のお兄さんとは友人であり、二人とも広い意味では森先生の弟子という意味において深い精神的なつながりがあるはずなのに、どういうわけか二宮正之さんとはお話しする機会が一度もなかったのが残念であった。

一九七〇年、森先生が五十九歳で国際基督教大学客員教授であった時に、僕が北海道大学文学部主催の講演会を先生にしていただくことを企画して、七月二十二日、札幌に森先生がお着きになった。クラーク会館を予約しておいたが、そこにドイツ製のパイプ・オルガンがあって毎朝、早くおきて、三時間演奏の練習をしておられた。その過労がたたったのか発病され、ただちに札幌医大の和田教授によって頸動脈閉塞症《けいどうみゃくへいそくしょう》であることが判明した。一九七六年（昭和五十一）の一月に、第一内科の和田教授によって、「こんど発病したらイノチはないものと覚悟しておいて下さい。これはあなただけに言っておくことだから、誰にももらさないようにして下さい」といわれていた。それが不治の病《やまい》であることは二宮さんにもわかっていたことが、僕にも自然と伝わるのである。

「私の中のシャルトル」にも「死・行為・言葉」にも、それぞれ深く感動させられたが、僕の尊敬する恩師である森有正先生の死の直前のことを描写した「詩人が言葉をうしなうとき」は、森先生のよくいわれた、絶望（DÉSOLATION）の果ての慰め（CONSOLATION）という言葉と対比させることしかないほどの「深い悲しみのあふれる言葉」であるとしか言いようがない。

湖畔のゆったりとした遊歩道に出た。そこで菩提樹の葉陰にある緑のベンチに腰をおろし、湖を見渡す。数日前に森さんが美しい女性と並んで足踏みボートを楽しんだという湖は、鏡のように平らだった。白鳥が三羽、向う岸に泳ぎ去っていく。二羽はカップルをなし、残る一羽は別の一隅に去る。森さんの胸中にその時去来したイメージは知るよしもないが、一語にしてその気持を言うならば、それは森さんの書いたもっとも美しい表現の一つ、「日に照らされた悲しみ」であっただろう。（191ページ）

森先生は一語でいえば、〈詩人哲学者〉としかいいようがないという気がする。先生の晩年において先生のおそばにいつも二宮さんがいらっしゃったから、先生はお幸せであったと思う。二宮さんは一九三八年、東京生まれで今は七十一歳、辻井喬《たかし》氏は一九二七年東京生まれで今は八十二歳、一九二九年の岐阜県生まれで、今は七十九歳が僕で、丁度お二人の中間に位置している。いずれにせよ、我々は戦後世代に属している。森有正先生は一九一一年、新宿の角筈において出生し、一九七六年、サルペトリエール病院にて逝去された。それから、三十三年の歳月がたった。僕と似た年代の人には森先生には強い郷愁があるかもしれないが、今の若い年代において関心は少ないであろうと考える出版社の人たちが多いのは当然のことかもしれない。しかし、それは間違っていると僕は思う。少し大袈裟《おおげさ》かもしれないが、いずれ〈森有正ルネッサンス〉の時がやってくるにちがいないと思う。森さんは醇乎《じゅんこ》たる詩人でありながら、深遠なる哲学者であった。それゆえに、時代とはかかわることなしに、偉大な哲学者としてこれからも後輩たちの心の中に生きつづけるにちがいない。僕はそう信じている。

森さんは父の明氏の影響下にあったから、キリスト者であることをやめなかった。しかし、彼はどちらかといえば、カトリックとかプロテスタントとかギリシア正教とか、そういう宗派にはとらわれない、自由なキリスト者であった。僕の考えでは、彼はパスカルやデカルトの根底にある神秘主義に魅惑されていた。神秘主義はおそらく、すべての信仰の中になんらかの形で含まれている考え方であるといえよう。そして、彼はしばしば教会に呼ばれて、講演をしてきた。とりわけ、『アブラハムの生涯』（日本基督教団出版局、一九八〇年）という講演集に見られるように、旧約の教えに関心があったことは注目すべきであろう。

彼は絵画にも彫刻にもカテドラルにも特別の関心をもっていた。ドストエフスキーを論じ、本居宣長についても本格的に研究し、講義してきた。フランス語の文学作品では、プルースト、ヴァレリー、アンドレ・ジイドなどに特別な関心をもっていた。ドイツ文学では、リールケの『フィレンツェだより』を翻訳した（筑摩書房、一九七〇年）。僕が質問者になり森先生が答えるという対話形式の『生きることと考えること』は五十六刷ものロングセラーになった（二〇〇六年現在）。「森有正入門」として読まれたようだ。

日本文学では、芥川龍之介の『羅生門』その他の翻訳が Le Livre de Poche〈ポケットブック〉として一九六九年に出版された。日本語教科書 "Leçons De JAPONAIS" が一九七二年に大修館から出版された。いずれも日本文をフランス語に訳したものであった。

彼の生活はあまりにも多忙であった、毎日、三時間もバッハの演奏をしつづけ、夜には人の二倍も多量な食事を摂取することをやめない。バッハの演奏も一時間だけにし、いくらか生活を常識的な水準に調節していたならば、少しは長生きをしたのかもしれない。けれども、彼の身近にいる人でそのような忠告をする人はだれ一人いなかった。というのは、だれもがそんな常識的なことを言っても無駄だということがわかっていたからである。森先生はおそらく、たとえ、いくらか自分のいのちをちぢめることになるとしても、好きなだけオルガンの演奏をつづけ、食べたいだけ、僕は食べるよ、僕は申し訳ないけど、自分の生活のあり方をかえる気はないのだよ。そのように答えることは、森さんのことをよく知る人だったらだれもが判っていることであると思うのである。

はたして、森有正ルネッサンスの時代はやってくるだろうか。僕はかならず、そういう時がやってくると信じている。それが確信できるからこそ、こういう本を書いたのである。僕一人だけでそのような大それたことができるわけがない。思いがけないことに、僕には仲間がいることに気付いたのは昨年（二〇〇八年）の暮れのことである。僕よりも若い世代の人たちが森有正の研究に真剣にとり組んでいることに気付いたのである。

そのきっかけは、僕の長男の妻〈さやか〉がコンピューターを駆使する能力をもっていて、フリー百科事典『ウィキペディア』（Wikipedia）の中で〈高橋久史〉の名を発見してくれた。彼が「森有正略年譜」を仕上げていることに僕も気付き、その詳細をきわめた年譜に驚嘆せざるをえなかった。実は自分でも略年譜を作成していたが、その完成度において僕の年譜をはるかに凌駕する出来ばえであった。早速、僕と彼はメール友達になり、まず「その年譜を利用させていただくことの許可をいただき、九〇パーセントその「略年譜」に依拠しながら僕の考えで、僕の本文と重複するところは削除し、僕が実際に参加していたことは、いくらか自分の記憶にもとづき書きかえることを許していただきたい」と申しでた。彼が書いた文章の中でもっとも僕の肺腑《はいふ》をついたのは、次の文章であった。

森有正による森有正入門として、『生きることと考えること』（講談社現代新書）。森の思想をよく知る聞き手の質問に答える形で一冊が編まれています。読みやすさ、わかりやすさでは一番かもしれません。

そして残念なことに、これぞ！　という森有正論はいまだ現れていません。森の密度の濃い文体と比較するとどんな森有正論も浅薄に思えてしまい、読み通すのさえ苦痛になります。（高橋久史 http://homepage.mac.com/hisashit/arimasa.html　傍点引用者）

この文章の厳しさは僕に随分こたえた。高橋さんの熱望に応えて、本格的な「森有正論」を企図したが、たしかに、僕の今度の本にも前半にいくらか浅薄なところがあるかもしれない。

以下、高橋さんが「森有正関連の論文・エッセイなど」の名の下にあげている人たちのうち、比較的若い人たちの論文・エッセイの一部を紹介しておきたい。

1　平野幸仁「森有正における西欧と日本」（横浜国大紀要、一九八〇年十一月号）
2　竹内真澄「三人称としての社会科学」（季刊「窓」第十一号、一九九二年）

3 渡辺芳敬「エトランゼの行方」(「ふらんす」白水社、一九九二年四月〜一九九三年三月)
4 柏倉康夫「森有正と椎名其二」(月刊「機」藤原書店、一九九六年十二月)
5 釘宮明美「経験と時間」(1)「『流れのほとりにて』連作」(季刊「現代文学」55号一九九七年七月)
6 釘宮明美「森有正における『経験の生成』」(季刊「現代文学」62号二〇〇〇年十二月)
7 釘宮明美「森有正における『経験』の構造」(季刊「現代文学」63号二〇〇一年七月)
8 釘宮明美「森有正における『経験』の創造(上)」(季刊「現代文学」65号二〇〇二年七月)
9 釘宮明美「森有正――『経験と信仰』」(「福音宣教」二月号二〇〇四年二月)
10 水田信「森有正とM・ブーバー――人称論をめぐって」(比較思想研究26号・一九九九年)
11 小黒庸光「森有正資料研究」(私立大学図書館協会、二〇〇一年一月)
12 久米あつみ「ことばと思索――森有正再読」(帝京大学外国文学論集七号〜一〇号)二〇〇〇年/二〇〇一年/二〇〇二年/二〇〇三年
13 鈴木宣則「森有正と日本政治改革」(鹿児島大学紀要、二〇〇二年七月)
14 工藤孝司「森有正ノート――「もの」をかこむ沈黙へ」(滋賀文教短期大学短期大学紀要〈13〉二〇〇五年一月)
15 森田美芽「森有正とキェルケゴール――主体性と他者性についての試み」(同志社大学ヒューマン・セキュリティ研究センター年報 No.3 所載、萌書房、二〇〇六年)

これはもちろん、一人の研究家の調査資料によって書きあげた森有正関連の一部を紹介しただけで、他にもたくさんの研究者の論文を探し出すことができるにちがいない。たとえば、僕は北大文学部に八年間、東大文学部あるいは教養学部に十四年間、埼玉大学の教養学部に十七年間、東京女子大学で十年間、お茶の水女子大学で十年間、森先生とデカルト・パスカルについて講義してきたのだから、たくさんの研究者が育ちつつあることはわかっている。とりわけ専任でつとめた大学で、僕よりもすぐれた研究者が現れていることは嬉しいことである。とりわけ森有正について関心をもつ研究者が現在の時点でかなりいることはまちがいない。できれば、森有正についての研究会ができればいいなと思っている。

最後に、これで僕の「森有正論」がやっと完結したわけであるが、ここにたどりつくまでには長い時間が経過したわけで、その間たくさんの人たちに特別のご配慮をいただいたことを感謝したい。まず、山形県鶴岡市に住んでいる高橋久史さんとお知り合いになれたことが嬉しかった。そして、評論家の加藤典洋さんに感謝している。とりわけ、これで、新曜社から出版する本が五冊目になるわけで、この不況の時期にこの本の出版を決断して下さった塩浦社長に心からお礼申し上げておきたい。

森有正略年譜（高橋久史氏作成の年譜にもとづく。許可を得て改変転載）

西暦	和暦	出来事	著作	国際情勢
一九一一年	明治四四年	父森明、母保子（徳川本家の娘）の長男として、東京（豊多摩郡淀橋町角筈）で生まれる（十一・三十）		
一九一三	大正二年 二歳	富士見町教会で受洗（秋）		
一九一四	大正三年 三歳			第一次世界大戦始まる（七・二八）
一九一五	大正四年 四歳	妹の綾子が生まれる（九・二）		
一九一八	大正七年 七歳	暁星小学校入学 六歳の年に暁星小学校の先生からフランス語を、音楽は十歳で母からピアノを習い、のちオルガンに移る。ラテン語十六歳で、ドイツ語十七歳。		

一九二三	大正一二年　十二歳			関東大震災（九・一）
一九二四	大正一三年　十三歳	暁星中学校進学		
一九二五	大正一四年　十四歳	父・森明、三十七歳で死去（三・六）	弟子たちの手によって、後年『森明著作集』（新教出版社）が編まれる。	
一九二九	昭和四年　十八歳	東京高等学校高等科（旧制）入学		世界大恐慌
		伊藤勝彦　岐阜県大垣市にて出生（七・十三）		
一九三二	昭和七年　二十一歳	東京帝国大学文学部仏文科入学		五・一五事件
一九三三	昭和八年　二十二歳	肺結核（第三期）で病床につく		
一九三六	昭和一一年　二十五歳			二・二六事件
一九三七	昭和一一年　二十五歳	鎌倉、塔の辻に住む。山中湖畔の貸別荘で一夏をすごす。卒業論文の準備をはじめる。四		

		年間の長患から抜け出した。		
一九三八	昭和一三年 二十七歳	東京帝国大学卒業。大学院へ進学。特別研究生になり、副手・助手を務め、東京女子大・慶応予科の講義。 伊藤・大垣中学一年。	卒業論文「パスカル研究」を提出。『共助』に「面影」を出す。	
一九三九	昭和一四年 二十八歳		パスカル（訳）『田舎の友への手紙』白水社。「象徴と実在と」（『共助』一月号）、「夏日印象」（『共助』四月号）、「断想」（『共助』九月号）。	第二次世界大戦始まる（九・一）
一九四〇	昭和一五年 二十九歳	腸チフスにかかり聖路加病院で九死に一生を得る。	「パスカルにおける愛の一考察」（『思想』三月号）、「聖ヨセフの像」（『共助』三月号）、「神の義」（『共助』九月号）、「神の忍耐と人生」（『共助』十二月号）、「パスカルにおける〈愛〉について」（『共助』五―八月号）	
一九四一	昭和一六年 三十歳		「デカルトの自然研究について」（科学ペン）、「明証と象徴」（『文学界』十月号）、「父の独子	太平洋戦争始まる

			の栄光」（『共助』十月号）	
一九四二	昭和一七年 三十一歳	結婚	ブトルウ（訳）『パスカル』創元社。「パスカルにおける『愛』について（承前）」（『共助』二月号～八月号）、「イエスと学者達」（『共助』七月号）。	
一九四三	昭和十八年 三十二歳	鎌倉雪ノ下教会婦人会主催夏期錬成会に参加（八・十八）。祖母・寛子死去（十一・二）。妹の関屋夫妻松本へ転居。東京大学仏文科助手。	『デカルトよりパスカルへ』日新書院、『パスカルの方法』弘文堂。 「パスカルにおけるイエス・キリストの問題」（『共助』一～四月号）、「パスカルの内的発展における科学と宗教」（『科学思潮』二月号）、「神の休み」（『共助』七月号）	
一九四四	昭和十九年 三十三歳	長女正子誕生。東大ＹＭＣＡ会館に住み込む（二）。一高の教授。	アラン（訳）『わが思索のあと』筑摩書房	
一九四五	昭和二〇年 三十四歳	長女正子死去（晩秋）		日本無条件降伏（八・十五）
一九四六	昭和二一年	次女聰子（としこ）誕生。	「パスカルにおける『死』の問	日本国憲法公布（十

	三十五歳		題」（淺野順一編『死の理解』所収）	一・三）
一九四七	昭和二二年 三十六歳		デカルト（訳）『真理の探究』創元社、パスカル（訳）『幾何学的精神』創元社	
一九四八	昭和二三年 三十七歳	東大仏文科助教授。田浦にての講演「信仰について」	『デカルトの人間像』白日書院、『近代精神とキリスト教』河出書房、「自覚ということ」（『向陵時報』第一六二号）、「デカルトと十八世紀思想」（『世界文学』七月号）、「勉強ということについて」（『向陵時報』第一六四号）。	
一九四九	昭和二四年 三十八歳	各学部の教授・助教授の二名ずつで構成される「学生委員会」のメンバーになる	アラン（訳）『わが思索のあと』思索社、『パスカル―方法の問題を中心として』要書房、パスカル（訳）『田舎の友への手紙』白水社。	中華人民共和国成立。NATO成立（四・四）
一九五〇	昭和二五年 三十九歳	戦後初のフランス政府給費留学生として渡仏神戸港より出帆	『デカルト研究』東大協同組合出版部、『ドストエーフスキー覚書』創元社、「暖かい心のと	朝鮮戦争始まる

			もしび——山本安英さんの文章を読む」（「東京大学学生新聞」五月十八日付）、「宗教改革にみる近代精神」（「三田新聞」六月十日付）。	
一九五一	昭和二六年 四十歳	第七区のベルグラード街、ほどなくアベ・ド・レペ街の安ホテルに転居	ストロウスキー（英訳）『フランスの智慧』岩波書店、アラン（訳）『わが思索のあと』新潮社。	サンフランシスコ平和条約・日米安全保障条約調印（九・八）
一九五二	昭和二七年 四十一歳	東京大学に退職願を提出		
一九五三	昭和二八年 四十二歳		『内村鑑三』弘文堂アテネ文庫	
一九五五	昭和三〇年 四十四歳	ソルボンヌで日本文学史の講義を始める	『自由と責任』河出書房。「留学と会話」（『ふらんす』十一月）、「文学について」（『第二・学生への手紙——人文科学を学ぶものへ』同文館刊十一月）。	
一九五六	昭和三一年 四十五歳	NHK欧州総局の求めによるデカルト生誕三六〇周年記念講演		国連加盟（十二・十八）
一九五七	昭和三二年	ギリシア旅行	『バビロンの流れのほとりにて	

	四十六歳		（初版）』大日本雄弁会講談社	
一九五八	昭和三三年 四十七歳	小学生の次女を呼びよせ、カルチエ・ラタンからポルト・ディヴリに近いアパルトマンに転居（一・二十二）。フランス改革派教会に転籍の手続きを終える（十二・二十四）。	「CHEMINEMENT ET DIRECTION DE LA PENSÉE AU JAPON DANS SA NOUVELLE GÉNÉRATION D'APRÈ-GUERRE」（「L'AGE NOUVEAU」四＝六月号） アンリ・ペリュショ（共訳）『ゴッホの生涯』紀伊国屋書店	
一九五九	昭和三四年 四十八歳	母・保子死去。バカンスに赴く。ストラスブール着（九・一）ガール県ソミエール着（九・三）	『流れのほとりにて——パリの書簡』弘文堂	
一九六〇	昭和三五年 四十九歳	第五区のノートルダムに面する小さなアパートに転居		日米新安全保障条約成立（六）、ベトナム戦争
一九六一	昭和三六年 五十歳		"LES THEATRES D'ASIE", Edition. du C. N. R. S., 1961: A. MORI: "LE DRAMATURGE JAPONAIS: KINOSITA JUNJI"	
一九六二	昭和三七年 五十一歳	南仏の女性と再婚。パリの南郊イヴリーに住む（春）。妹の関		

		屋一家が一年の予定で訪仏へ（十二）。		
一九六三	昭和三八年 五十二歳	ドルドーニュ県モンティニャックに行き、ラスコーの洞窟壁画を見る（春）。ローマ（九・五）。カステラーヌ（九・十七）。	『城門のかたわらにて』河出書房新社	
一九六五	昭和四〇年 五十四歳		（仏訳）Rashômon et autres coutes, par Akutagawa Ryûnosuke, Èditions Gallimard.	
一九六六	昭和四一年 五十五歳	一時帰国（十・一〜十一・十九）。ＩＣＵにて講演「ヨーロッパより帰りて」（十・二十七）。東京日仏学院で講演「パリの生活の一断面」（十）。	「東京の一隅」（『図書』十二月号）	
一九六七	昭和四二年 五十六歳	七月末に伊藤勝彦と再会（十七年ぶり）。伊藤は番町書房の企画で三島由紀夫、吉本隆明そして森有正先生と対談することになった。	『ドストエーフスキー覚書／新版』筑摩書房 『遙かなノートル・ダム』筑摩書房 「唐木さんの面影」（『唐木順三全集』第六巻月報）。	

一九六八	昭和四三年 五十七歳	アフガニスタン、インド、カンボジア、日本、メキシコをまわる（五〜十・二十一）。「遙かなノートルダム」で文部大臣賞芸術選奨を受ける。	『言葉・事物・経験…森有正対話集』晶文社、『バビロンの流れのほとりにて』(Sur les Fleuves de Babylone) 筑摩書房
一九六九	昭和四四年 五十八歳	国際基督教大学客員教授になる。この頃より、ディアンタ・ドゥリアーズ、森有正のタイピスト役をつとめる。一時帰国（九・二十二）。学習院大学で集中講義、伊藤勝彦、栃折久美子ともに聴講。森先生の紹介によって知りあう。パリへ（十一・二十二）。	『現代の省察』春秋社、『旅の空の下で』筑摩書房、（仏訳）『Akutagawa Ryûnosuke : Rashômon et autres conte』(Le Livre de Poche)。「ベルグソンとの対話」（未発表）。
一九七〇	昭和四五年 五十九歳	伊藤勝彦が企画した北大文学部主催の講演会のために札幌へ（七・二十二）。クラーク会館に一か月滞在するが、頸動脈閉塞症にかかっていることがわかり、札幌医科大学の内科に入院する。内科の主任教授が森さんの愛読	『生きることと考えること』講談社現代新書 二年位前から計画し、以前の対談形式を徹底して読みやすくわかりやすいものにするために、天野・伊藤の二人が再構成した。四四年の夏に森さんに加筆して

		者であったので、親切な扱いであった。栃折さんを呼ぼうかといったが、森さんはきびしく拒否した。講演会は予定通り教授の許可をえて、クラーク会館の中で「思想と生きること」という題で行われたが大成功であった。 九月に学習院大学の集中講義、国際基督教大学においても五回連続の講演「人間の生涯—アブラハムの信仰—」（九・二十二～十・二十）。	もらった。二〇〇六年十二月に五十六刷まで増刷することに成功し、文字通りのロング・セラーになった。 リルケ（訳）『フィレンツェだより』筑摩書房。 「思い出　その他」（『日本思想体系』第二十五巻月報）、「ふさがれた道」（『朝日ジャーナル』十一月一日号）。
一九七一	昭和四六年 六十歳	パリ第三大学所属国立東洋言語文化研究所外国人教授に任命される（三・二十六）。 一時帰国（七・四）。次女聰子の帰国を前妻・長男・栃折の三人で出迎える（八・二）。札幌（八・五～九・二）バビロンの旅（十二・二十三）日本ＹＭＣＡにて講演「古いものと新しい	『近代精神とキリスト教』講談社、小田実／森有正『人間の原理を求めて——揺れ動く世界に立って』筑摩書房、『デカルトとパスカル』筑摩書房、『思索と経験をめぐって』講談社学術文庫、「ドストエフスキーと神」（読売新聞十月二十四日付）「新鮮な書」（『図書』十一月号）

		もの」（八・二十四）目白町教会にて講演「伝統と改革」。		
一九七二	昭和四七年 六十一歳	長男の有順（ありゆき）パリで挙式（三）。仏人女性との離婚が成立。共助会の夏期修養会にて主題講演「現代における信仰の意義」（八・三）。ＩＣＵにて講演「冒険と方向」（九・十九）。柏木教会にて説教「パスカルについて」（九・二十四）。中渋谷教会の創立五五周年記念礼拝にて説教「神の知恵と知識の富」（十・八）。ＩＣＵにて講演「独り子の誕生」（十・三十一）。	Leçons de Japonais（日本語教科書）大修館書店 『木々は光を浴びて』筑摩書房 「『夏の砦』について」（『辻邦生作品集』第二巻帯）	沖縄が日本に復帰する
一九七三	昭和四八年 六十二歳	パリ・大学都市の日本館館長に就任。	『現代のアレオパゴス』日本基督教団出版局	第四次中東戦争、オイル・ショック
一九七四	昭和四九年 六十三歳	一時帰国（八・十六）。この時ＮＨＫにおいて森有正はバッハの「人よ、汝の大いなる罪を嘆け」というコラールをオ	『パリだより』筑摩書房	

	ルガンで演奏し、バッハの音楽、そのオルガン演奏の魅力、その他さまざまのことについて講演する。これに伊藤は客席でずっとたち会っていた。この時の演奏及び学生たちに録音させたコラールの八曲が二巻のCDカセットの中に収録されている。そしてフィリップス社からDISC1、2という二つのCDとして発売されることとなった。NHKの男女二人のアナウンサーが森有正と伊藤を高級なフランス料理のレストランでごちそうしてくれた。これが最後の一緒の夕食ということになった。		
一九七五		昭和五〇年 六十四歳	一時帰国（九・二）。 ICUにて講演「人格の基礎」 YMCAにて「きたるべき世代を思って」（十・十）。 ICUにて講演「光と闇」（十・十二）。
	『古いものと新しいもの』日本基督教団出版局 「夏の日の感想」（「在仏日本人会」九月十日号）		

一九七六	昭和五一年 六十五歳	最後になる帰国（三・六）。パリ着（四・十四）。アンギャンに転居（八）。二宮正之、ディアーヌ・ドリアーズに伴われてラ・サルペトリエール病院に入院（八・十三）。病院にて死去（十・十八）。ル・ペール＝ラシェーズ墓地にて火葬に付される（十・二十五）。次女聴子とともに遺骨が帰国する（十一・二）。中渋谷教会にて前夜式（十一・三）。ＩＣＵのチャペルにて葬儀（十一・四）。	『土の器に』日本基督教団出版局 『内村鑑三』講談社学術文庫 『いかに生きるか』講談社現代新書 『遠ざかるノートル・ダム』筑摩書房 高田博厚／森有正『ルオー』筑摩書房 「文化委員会設置に際して」（「在仏日本人会」六月二十日号）	
一九九九	平成一一年	次女聴子死去		
二〇〇二	平成一四年	妹・関屋綾子死去（十・十二）		

文献

全集

『森有正全集』全14巻・補巻1　筑摩書房、一九七八年―一九八二年
補巻補還『森有正対話篇I・II』筑摩書房、一九八二年
全集からの引用は、（全集14・25ページ）というように記載した。
『森有正エッセー集成』全5巻　ちくま学芸文庫、一九九九年

森有正著作・翻訳　デカルト・パスカル関係

『田舎の友への手紙』パスカル／森有正訳、白水社、一九三九年（昭和十四年）
『パスカル』エミィル・ブトルウ／森有正訳　創元社、一九四二年（昭和十七年）
『デカルトよりパスカルへ』日新書院、一九四三年（昭和十八年）
『デカルト選集第4巻　真理の探究』森有正訳　創元社、一九三九年（昭和十四年）
『幾何学的精神』パスカル／森有正訳、創元社、一九四七年（昭和二十二年）
『デカルトの人間像』白日書院、一九四八年（昭和二十三年）
『パスカル―方法の問題を中心として』要書房、一九四九年（昭和二十四年）
『デカルト研究』東京大学協同組合出版部（今の東京大学出版会）、一九五〇年（昭和二十五年）

『フランスの智慧』F・ストロウスキー／森有正・土居寛之訳　岩波現代叢書、一九五一年（昭和二十六年）
『デカルトとパスカル』筑摩書房、一九七一年（昭和四十六年）
『思索私記』デカルト／森有正訳、白水社、一九九三年（平成五年）

森有正著作　その他

『ドストエーフスキー覚書』創元社、一九五〇年（昭和二十五年）
『バビロンの流れのほとりにて』大日本雄弁会講談社、一九五七年（昭和三十二年）
『流れのほとりにて』弘文堂、一九五九年（昭和三十四年）
『生きることと考えること』講談社現代新書、一九七〇年（昭和四十五年）
『古いものと新しいもの―森有正講演集』日本基督教団出版局、一九七五年（昭和五十年）
『思索と経験をめぐって』講談社学術文庫、一九七六年（昭和五十一年）
『経験と思想』岩波書店、一九七七年（昭和五十二年）
『アブラハムの生涯―森有正講演集』日本基督教団出版局、一九八〇年（昭和五十五年）
（その他の著作は年譜に記載されているので、それをごらん下さい。）

森有正を論じたエッセイと著作（年代順）

伊藤勝彦「風景の中に佇む思想―森有正論」第一評論集『拒絶と沈黙』（勁草書房、一九七〇年）の巻頭論文。『批評』に掲載されたエッセイ（一九六八年）の再録。
杉本春生『森有正論』湯川書房、一九七二年
杉本春生『森有正―その経験と思想』花神社、一九七八年

朝吹登水子『パリ、その日その時』人文書院、一九七九年
辻邦生『森有正―感覚のめざすもの』筑摩書房、一九八〇年
中川秀恭編『森有正記念論文集』新地書房、一九八〇年
関屋綾子『一本の樫の木』日本基督教団出版局、一九八一年
木下順二『本郷』講談社、一九八三年
荒木亨『鎖国の日本語』木魂社、一九八九年
ディアーヌ・ドゥリアーズ／平井啓之他訳『恋する空中ブランコ乗り』筑摩書房、一九九一年
辻邦生『時刻《とき》のなかの肖像』新潮社、一九九一年
佐伯守『自己と経験―森有正の世界から』晃洋書房、一九九四年
蜷川譲『パリに死す―評伝・椎名其二』藤原書店、一九九六年
宍戸修『高田博厚の空間と思想』相模書房、二〇〇〇年
谷川多佳子『デカルト「方法序説」を読む』岩波書店、二〇〇二年
伊藤勝彦『最後のロマンティーク三島由紀夫』新曜社、二〇〇六年

対話集

『対話・思想の発生』三島由紀夫・吉本隆明・森有正＝伊藤勝彦、番町書房、一九六七年
『言葉・事物・経験―森有正対話集』晶文社、一九六八年
「対話」（森有正との対談）『草月』九七号、一九七四年十二月
木下順二・朝吹登水子「対談・魅力に富む人・森有正」『ちくま』一九八二年二月

森有正の演奏（パイプオルガンと話）

『森有正、バッハを語りバッハを弾く』（魂の音楽J・S・バッハ全集）（Bonus-CD）ユニバーサルミュージック（株）

『思索の源泉としての音楽』Ⅰ・Ⅱ・（CD）日本フォノグラム、一九七七年

森有正自筆原稿「本居宣長をめぐって思うこと」『21世紀の本居宣長』（展覧会図録）朝日新聞社、二〇〇四年

雑誌特集

「追悼森有正」『展望』12、一九七六年十二月

「森有正よ」木下順二、同雑誌

「森先生との出会い」辻邦生、ほか、同雑誌

森有正に一部分で触れている著書

伊藤勝彦『デカルト』（センチュリーブックス）清水書院、一九六七年

加藤周一『羊の歌』岩波新書、一九六八年

田辺保『光は暗きに照る』日本基督教団出版局、一九七八年

佐古純一郎『森有正の日記』新地書房、一九八六年、朝文社、一九九五年

栃折久美子『森有正先生のこと』筑摩書房、二〇〇三年

森有正の論考を含む著作

中村真一郎『読書は愉しみ』新潮社、一九七九年
渡辺一民『フランスの誘惑』岩波書店、一九九五年
伊藤勝彦『天地有情の哲学』ちくま学芸文庫、二〇〇〇年
二宮正之『私の中のシャルトル』ちくま学芸文庫、二〇〇〇年
木田元『なにもかも小林秀雄に教わった』文春新書、二〇〇八年（深く感動した森有正のドストエフスキー論）
坪内祐三『考える人』新潮文庫、二〇〇九年

著者紹介

伊藤勝彦（いとう かつひこ）

1953年東京大学文学部哲学科卒業。東京大学助手をへて，北海道大学文学部助教授，埼玉大学教養部教授。現在埼玉大学名誉教授，文学博士。

主な著書：『危機における人間像』（理想社），『愛の思想史』（紀伊國屋書店），『愛の思想』（番町書房），『拒絶と沈黙』（勁草書房），『デカルト』（清水書院），『デカルトの人間像』（勁草書房），『パスカル』（講談社現代新書），『パスカル』（講談社・人類の知的遺産），『虚構の時代と人間の位置』（日本経済新聞社），『夢・狂気・愛』（新曜社），『ささえあいの倫理学』（新曜社），『哲学への情熱』（勁草書房），『世の終わりにうたう歌』（新曜社），『三島由紀夫の沈黙』（東信堂），『天地有情の哲学』（ちくま学芸文庫），『最後のロマンティーク 三島由紀夫』（新曜社）

新曜社

森有正先生と僕
神秘主義哲学への道

初版第1刷発行 2009年7月10日©

著 者 伊藤勝彦

発行者 塩浦 暲

発行所 株式会社 新曜社

101-0051 東京都千代田区神田神保町 2-10
電話(03)3264-4973(代)・FAX(03)3239-2958
URL：http://www.shin-yo-sha.co.jp/

印 刷 長野印刷商工
製 本 渋谷文泉閣

Printed in Japan

ISBN978-4-7885-1169-9 C1010